westermann

8

Differenzierende
Ausgabe **B**

P.A.U.L. D.

Arbeitsheft

Herausgegeben von: Frank Radke

Erarbeitet von: Juliane Auffenberg
Anne Gasch-Sigge
Frank Radke
Katja Wiertz
Martin Zurwehme
u. a.

Liebe Schülerinnen und Schüler,

in den Arbeitsheften von P.A.U.L. D. findet ihr folgende Symbole und Hilfen:

1. Mit den grünen Aufgaben übt ihr die einzelnen Themen grundlegend mithilfe von konkreten Anleitungen ein.

2. Mit den blauen Aufgaben könnt ihr an einem Thema weiterarbeiten und üben. Ihr erhaltet dabei Hilfestellungen, damit ihr sie lösen könnt.

3. Wenn ihr euch bei einem Thema sicher fühlt, könnt ihr die roten Aufgaben bearbeiten. Sie sind etwas schwieriger und ihr erhaltet hier nur wenige Hilfen.

Wenn ihr mit dem Arbeitsheft in der Schule arbeitet, achtet auf dieses Symbol. Diese Übungen bieten sich besonders dafür an, dass ihr sie gemeinsam mit einem oder zwei Mitschülern löst.

Dieses Symbol bedeutet, dass ihr die Lösung der Übung in eure Hefte schreiben sollt.

Das musst du wissen

In der Lernbox am Anfang eines Kapitels findet ihr alle Informationen und Regeln, die ihr braucht, um die Übungen zu bearbeiten. Hier könnt ihr immer wieder nachlesen, wenn ihr bei einer Übung Hilfe braucht.

Lösungen

In dem beiliegenden Lösungsheft findet ihr zu allen Übungen die Lösungen. Wenn es möglich ist, solltet ihr eure Lösungen mit einem Lernpartner zusammen kontrollieren.

Diese Symbole zeigen dir an, welche Rechtschreibstrategie du jeweils anwenden kannst, um Fehler zu vermeiden.

Viel Spaß beim Lernen und Üben mit den Arbeitsheften wünscht euch euer P.A.U.L. D.-Team!

Die Lösungen zu den Übungen befinden sich in der separaten Beilage.

Die Seiten dieses Produkts bestehen zu 100 % aus Altpapier.

Damit tragen wir dazu bei, dass Wald geschützt wird, Ressourcen geschont werden und der Einsatz von Chemikalien reduziert wird. Die Produktion eines Klassensatzes unserer Arbeitshefte aus reinem Altpapier spart durchschnittlich 12 Kilogramm Holz und 178 Liter Wasser, sie vermeidet 7 Kilogramm Abfall und reduziert den Ausstoß von Kohlendioxid im Vergleich zu einem Klassensatz aus Frischfaserpapier. Unser Recyclingpapier ist nach den Richtlinien des Blauen Engels zertifiziert.

Illustrationen: Reinhild Kassing, Kassel
Umschlagfotos: © Johnés/Naturbild/Estabild (U1 l.),
chales taylor/Alamy Stock Foto (U1 r.), Imagine That/Alamy Stock Foto (U4)
Druck und Bindung: Westermann Druck GmbH, Georg-Westermann-Allee 66, 38104 Braunschweig

Das Arbeitsheft ist in zwei Varianten erhältlich:

Arbeitsheft
ISBN 978-3-14-**028149**-2
Druck A8 / Jahr 2025

Arbeitsheft mit interaktiven Übungen
ISBN 978-3-14-**145096**-5
Druck A2 / Jahr 2023

Alle Drucke der Serie A sind im Unterricht parallel verwendbar.

Inhaltsverzeichnis

Über Häuser, Bänke und Mauern – einem Interview Informationen entnehmen

Das musst du wissen

- **Überfliege** den Text zunächst. Achte dabei auf Überschriften, Bilder und auffällige Textelemente wie Fett- oder Kursivdruck. Mach dir dabei klar, wovon der Text handelt.
- **Lies** den Text dann **aufmerksam** durch.
- Kläre die Bedeutung dir **unbekannter Wörter**.
- Hebe **das Wichtigste farblich** hervor. Unterstreiche Zusatzinformationen mit einem feinen schwarzen Stift oder mit Bleistift.
- Notiere die **wichtigsten Informationen in Stichworten am Textrand**.

Dörte Eppelin

Parkour – „Angst ist wichtig, sie schützt uns vor Dummheiten“

Parkour ist eine der neuesten Trendsportarten, bei der die Sportler nur mit ihren eigenen Füßen scheinbar mühelos alle möglichen Hindernisse überwinden. Der 22-jährige Ben Scheffler trainiert seit 2005 und hat uns begeistert erzählt, wie er zu dieser ungewöhnlichen Sportart gekommen ist.

Frage: ______________________________

____

Parkour war damals, Anfang 2005, in Deutschland noch nicht so weit verbreitet. Ich bin jedoch auf ein Video von David Belle (dem Erfinder von Parkour) gestoßen und habe daraufhin mit meinem Freund Martin angefangen zu trainieren. Noch heute sind wir regelmäßig zusammen unterwegs.

Frage: ______________________________

____

Parkour bedeutet für mich Freiheit. Sowohl die Freiheit, dahin zu gehen, wohin ich will, aber auch die Freiheit im Kopf, alle Gedanken ausschalten zu können, um mich nur auf meinen Parkour zu konzentrieren.

Frage: ______________________________

____

Das ist eine schwere Frage. Parkour bezieht sich ja nicht nur auf das körperliche Training. Eigentlich trainiere ich immer – ich suche nach neuen Sprüngen, mein Kopf verarbeitet auch nachts das Training der vergangenen Tage. Sprünge werden im Geist noch einmal durchgegangen. Ich versuche, fünfmal pro Woche mindestens für eine Stunde rauszukommen. Leider ist das nicht immer möglich. Ich gehe nebenbei noch zweimal in der Woche arbeiten, organisiere viel für ParkourONE, die deutschsprachige Parkour-Internetseite, und habe noch meine Freundin, um die ich mich kümmern will. Die trainiert zwar auch, aber Zeit ist trotzdem immer ein Problem. Im Moment trainiere ich vielleicht dreimal pro Woche.

Frage: ______________________________

____

Parkour beansprucht die Muskeln und Gelenke deines Körpers enorm. Weit mehr als andere Sportarten. Deswegen ist es auch wichtig, nicht vor dem Alter von zwölf Jahren ohne erfahrene Anleitung zu trainieren! Aufwärmen beinhaltet bei uns Joggen, Krafttraining, viel Dehnen und kleinere Sprünge. Erst dann beginnen wir mit dem wirklichen Techniktraining. Es kommt auch nicht selten vor, dass es beim Krafttraining bleibt. Man kann sagen, dass Parkour etwa aus zwei Dritteln Krafttraining und Muskelaufbautraining besteht und nur zu einem Drittel aus Techniktraining.

Frage: ____

____

Das Tolle am Parkour ist, dass man eigentlich keine Hilfsmittel braucht. Allerdings ist es von Vorteil, ein paar gute Joggingschuhe zu haben. Denn die haben eine gute Dämpfung, die wichtig bei Sprüngen aus großer Höhe ist. Eine besondere Marke gibt es nicht. Auch ist es nicht unbedingt empfehlenswert, in Jeans zu trainieren. Lockere Sportkleidung ist bei uns eher verbreitet.

Frage: ____

____

Parkour kann man überall trainieren. Es ist meistens so, dass ich eine bestimmte Kraftübung machen will oder eine bestimme Technik verbessern möchte, und dann suche ich mir einfach den Ort dafür aus, der am besten passt.

Frage: ____

____

Nein, mal abgesehen von ein paar Schürfwunden und Prellungen am Schienbein und Knie ist mir zum Glück noch nichts passiert. Parkour sieht immer sehr, sehr spektakulär aus, allerdings steht Sicherheit bei uns an erster Stelle! Wir machen keinen Sprung, bei dem wir uns nicht hundertprozentig sicher sind, dass wir ihn schaffen, ohne uns zu verletzen. Ich bin da kein Sonderfall, das gilt für die gesamte Parkourszene.

Frage: ____

____

Wie ich […] schon angedeutet habe, sollte man Parkour nicht unter etwa zwölf Jahren beginnen und wenn, dann nur unter Anleitung eines Sportlehrers oder eines erfahrenen Traceures (so heißen die Parkourläufer). Bei Kindern befindet sich der gesamte Körper noch bis zum 18. Lebensjahr in der Entwicklungsphase. Man wächst, Muskeln entwickeln sich – man verändert sich einfach. Ist der Körper in dieser Phase starken Belastungen wie etwa durch Parkour ausgesetzt, kann sich das sehr, sehr schädlich auf das Wachstum auswirken.

Frage: ______________________________

____

Fangt klein an. Es ist noch kein Meister vom Himmel gefallen. Bevor wir Sprünge aus mehr als einem Meter Höhe gemacht haben, sind etwa anderthalb Jahre vergangen. Macht niemals etwas, was ihr euch nicht traut. Angst ist sehr wichtig bei unserem Training, da sie uns nichts Dummes anstellen lässt. Lasst euch von niemandem sagen, dass ihr Angsthasen seid, nur weil ihr einen Sprung nicht macht. Solche Leute sind nicht wirklich eure Freunde.

1. Ordnet die folgenden Interviewfragen den passenden Antworten zu und schreibt sie auf die entsprechende Linie über der Antwort.

- Und zum Schluss: Was würdest du jemandem empfehlen, der Traceur werden will?
- Hast du dich schon mal verletzt?
- Wo trainierst du am liebsten? Hast du eine Lieblingsstrecke?
- Gibt es ein Mindestalter, das man haben sollte, wenn man Traceur werden will?
- Ben, wie bist du zu diesem Sport gekommen?
- Wie oft trainierst du?
- Trägst du bestimmte Trainingskleidung und/oder -schuhe?
- Welche Bedeutung hat Parkour für dich?
- Muss man sich vorm Training besonders vorbereiten oder aufwärmen?

2. Arbeite die wichtigsten Aussagen der einzelnen Interviewabschnitte heraus.

- Markiere dazu besonders wichtige Wörter und Textstellen farbig.
- Unterstreiche dazugehörige Zusatzinformationen mit einem feinen schwarzen Stift oder einem Bleistift.
- Halte das Wichtigste mithilfe von Stichworten neben dem entsprechenden Interviewabschnitt am Textrand fest.

Angst schützt – einem Sachtext Informationen entnehmen

Das musst du wissen

- Um dein **Textverständnis zu überprüfen** und die Informationen eines Sachtextes besser zu verstehen und zu behalten, kannst du z. B. **Fragen zum Text** beantworten oder **richtige und falsche Aussagen unterscheiden**.
- Das Wesentliche des Textes kannst du in einem **Schaubild**, einer **Mindmap** oder in Stichworten auf einer **Karteikarte** festhalten.

Stefan Greschik

Wie Angst uns rettet

Niemand mag Angst haben. Doch mitunter rettet sie uns vor einem Verhängnis. Denn Angst ist die Alarmanlage in unserem Körper.

Sehen wir uns doch mal an, was bei Gefahr in unserem Kopf geschieht – wenn beispielsweise eine Schlange auf dem Boden liegt. Unsere Augen schicken die Nachricht an eine Schaltstation im Gehirn, den Thalamus. Der leitet sie weiter an die sogenannte Amygdala. Etwa so: „Hier Thalamus! Vor uns liegt ein schlankes, zusammengerolltes Objekt, überprüfe das mal!“ Die Amygdala ist klein wie eine Bohne, aber sie hat einen prima Überblick über Dinge, die für uns Gefahr bedeuten: Feuer, rasende Autos, Gewehrschüsse, schwere Steine … Und die vergleicht sie nun in Sekundenbruchteilen mit der Beschreibung. Zusammengerollt? Schlangen sind zusammengerollt! Sofort schlägt die Amygdala Alarm.

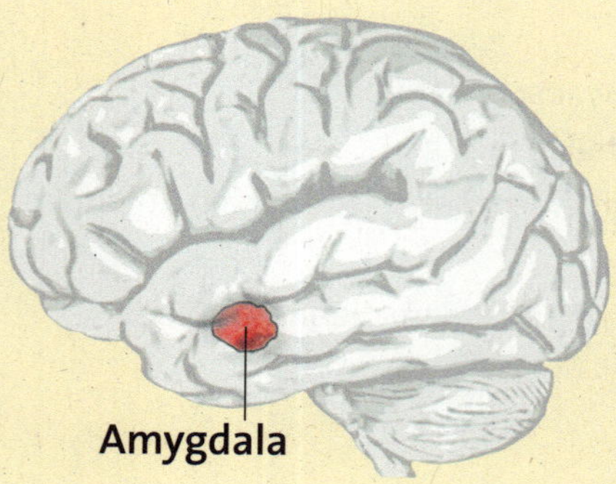

Position der Amygdala im menschlichen Gehirn (seitliche Ansicht)

Sie sorgt dafür, dass Drüsen Stresshormone ausschütten, die das Herz wie wild Blut pumpen lassen. Die Muskeln spannen sich, und die Lungenröhrchen machen sich ganz weit, um mehr Sauerstoff in die Lungenbläschen zu transportieren. Durch diese Maßnahmen ist der Körper viel besser in der Lage, auf die Gefahr einzugehen: etwa in Windeseile abzuhauen. Oder zu erstarren – auch das kann eine gute Taktik sein, wenn es um Leben oder Tod geht. Oder, wenn es sein muss, zu kämpfen. Sogar unser Kiefer wird bei Angst stark durchblutet, vermutlich, damit wir besser zubeißen können.

Woher weiß unser Gehirn eigentlich, was gefährlich ist? Das ist ganz verschieden. Einige Ängste sind uns angeboren und stammen noch aus der Urzeit des Menschen. Oft wirken die inzwischen ein bisschen altmodisch. Zum Beispiel lebten unsere Vorfahren viele Hunderttausend Jahre mit wilden Tieren zusammen. Wann war das am gefährlichsten? Klar: nachts – da konnte man sie ja nicht sehen. Deshalb sind wir noch heute bei Dunkelheit besonders schreckhaft.

Andere Ängste erlernen wir erst im Laufe des Lebens, etwa die Furcht vor heißen Herdplatten. Kleine Kinder finden die noch völlig harmlos und patschen oft mit ihren Fingern darauf. Damit das nicht wieder passiert, merkt sich die Amygdala die heiße Platte und warnt in Zukunft davor. Um bedrohliche Situationen zu vermeiden, wird unser Gehirn sogar ausgesprochen erfinderisch: So haben sich unsere Ahnen Waffen ausgedacht, um sich vor Tieren oder Feinden zu schützen. Sie zogen in Häuser, weil sie vor Kälte und Regen sicher sein wollten. Oder denkt an Sicherheitsgurte oder Krankenhäuser ...

Wenn man das hört, könnte man die Angst fast mögen. Allerdings kann unser Schutzengel auch mächtig übertreiben. Kleine Kinder können sich so sorgen, dass sie Albträume haben oder ins Bett machen. Und Erwachsene fürchten sich oft derart davor, ihre Arbeit nicht zu schaffen, dass ihr Körper ständig von Stresshormonen aufgeputscht ist. Der macht dann aber oft schlapp – denn eigentlich ist Stress ja nur ein Trick der Natur, um in Notfällen fit zu sein. Auf die Dauer ist der Alarmzustand viel zu anstrengend. Manchmal spinnt unser Gehirn sogar regelrecht und bildet sich Gefahren ein, wo überhaupt keine sind! Solche Ängste nennt man Phobien. Und davon gibt es Hunderte.

1. Ordne jedem Textabschnitt eine Zwischenüberschrift aus dem Kasten zu, die angibt, wovon der jeweilige Abschnitt handelt.
Schreibe die Überschrift neben den Anfang des entsprechenden Textabschnittes.

> Furcht wird gelernt • Zusammenspiel von Thalamus und Amygdala • Zu viel Angst schadet • Amygdala sorgt für Stress • Angeborene Ängste

2. Arbeite die wichtigsten Informationen der einzelnen Textabschnitte heraus.
- Markiere dazu besonders wichtige Wörter und Textstellen farbig.
- Unterstreiche dazugehörige Zusatzinformationen mit einem feinen schwarzen Stift oder einem Bleistift.
- Halte das Wichtigste mithilfe von Stichworten neben den entsprechenden Abschnitten am Textrand fest.

3. Überprüfe dein Textverständnis, indem du entweder eine passende Frage oder Antwort formulierst. Schreibe in dein Heft.

Frage	Antwort
Wie wird der Körper bei Gefahr in Alarmbereitschaft versetzt?	???
???	• Das Herz pumpt stark. • Die Muskeln spannen sich. • Die Lungenröhrchen werden weit. • Der Kiefer wird stark durchblutet.
???	Angeborene Ängste und erlernte Ängste.
Wie werden Ängste erlernt?	???
Inwiefern kann zu viel Angst schaden?	???
???	Solche Ängste nennt man Phobien.

4. Haltet die Informationen aus dem Sachtext in der folgenden Mindmap fest.

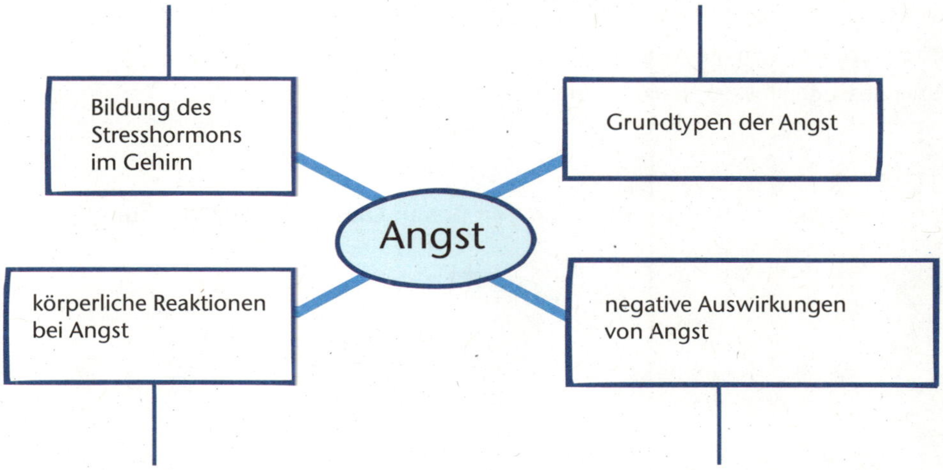

5. Bei der auf dem Bild dargestellten Situation handelt es sich um einen Angst-Versuch im „Universum Science Center“ in Bremen. Beschreibe und erkläre auf der Grundlage der Informationen aus dem Sachtext die zu erwartenden körperlichen Reaktionen des Mannes.

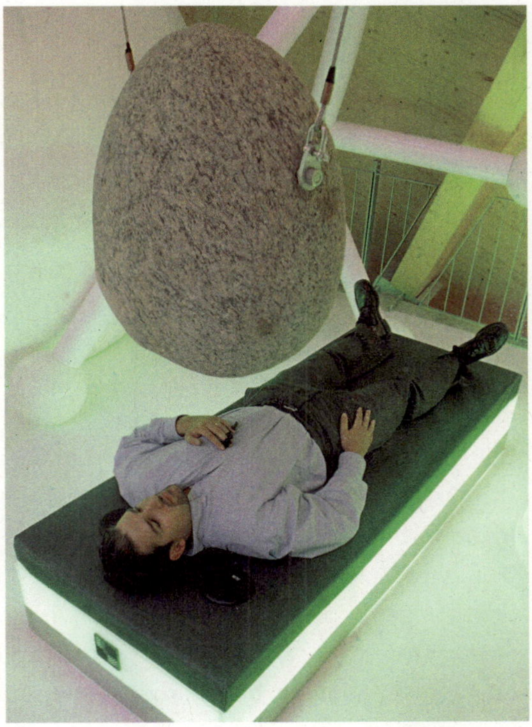

Die Verteilung von Werbeausgaben – ein Diagramm auswerten

Das musst du wissen

Um ein **Diagramm auszuwerten**, musst du folgende Fragen beantworten:

- Um welchen Typ von Diagramm (Balken-, Linien- oder Tortendiagramm) handelt es sich?
- Was gibt die Überschrift des Diagramms an?
- Worauf beziehen sich die Zahlenangaben?
- Welche Aussagen lassen sich aufgrund der Zahlenangaben machen?

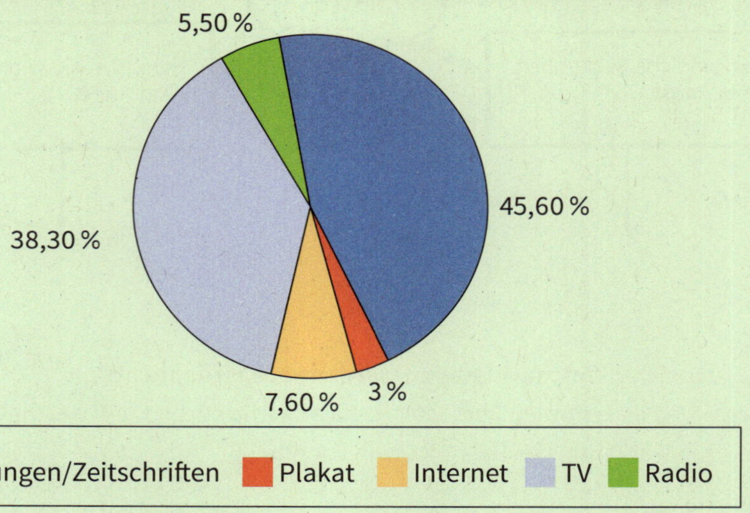

1. Kreuze an, welche Aussagen zu dem Diagramm richtig sind.

Aussage	Falsch	Richtig
Bei dem Diagramm handelt es sich um ein Balkendiagramm.		
Bei dem Diagramm handelt es sich um ein Säulendiagramm.		
Bei dem Diagramm handelt es sich um ein Kreisdiagramm.		
Das Diagramm stellt dar, wie groß der Anteil der Nutzer an den unterschiedlichen Medien ist.		
Das Diagramm stellt dar, wie sich die verschiedenen Werbeträger verteilen.		
Das Diagramm stellt dar, welche unterschiedlichen Formen der Werbung es gibt.		
Der größte Anteil der Werbeausgaben entfällt auf die TV-Werbung.		
Die Ausgaben für Werbung im Internet sind geringer als die Ausgaben für Radiowerbung.		
Zeitungen/Zeitschriften und das Fernsehen sind die beiden wichtigsten Werbeträger.		
Man kann dem Diagramm entnehmen, dass die Ausgaben für Werbung im Internet gegenüber dem Vorjahr gestiegen sind.		

Die Freizeit von Jugendlichen – ein Diagramm beschreiben und erschließen

Das musst du wissen

Ein Diagramm (auch Schaubild genannt) verbildlicht Informationen auf engem Raum anschaulich und übersichtlich.
Orientiere dich beim „Lesen“ eines Diagramms an folgenden Leitfragen:

Zum Inhalt: Was wird dargestellt?

- Die Überschrift zeigt, worum es in dem Diagramm geht.
- Schaue dir die Bezeichnungen auf der x- und y-Achse an. Sie enthalten die Begriffe, Zahlenangaben etc., um die es in dem Diagramm geht.

Zur Form: Wie ist das Schaubild grafisch aufgebaut?

- Halte fest, um welchen Diagrammtyp es sich handelt, z. B.:

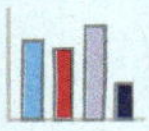 Säulendiagramm

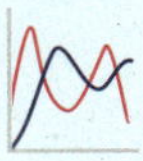 Liniendiagramm

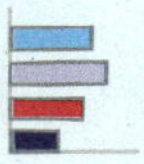 Balkendiagramm

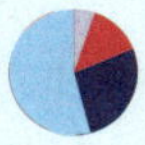 Tortendiagramm

- Mach dir klar, wie die Zahlenwerte angegeben werden (z. B. Mengenangaben, Prozentangaben …).

Zur Aussageabsicht: Welche Aussagen werden veranschaulicht?

- Überlege, welche zentralen Aussagen das Diagramm enthält und welche Schlussfolgerungen mithilfe des Diagramms gemacht werden können.

Das folgende Diagramm veranschaulicht ein Teilergebnis einer Umfrage zur sportlichen Aktivität von Jugendlichen in der Freizeit.

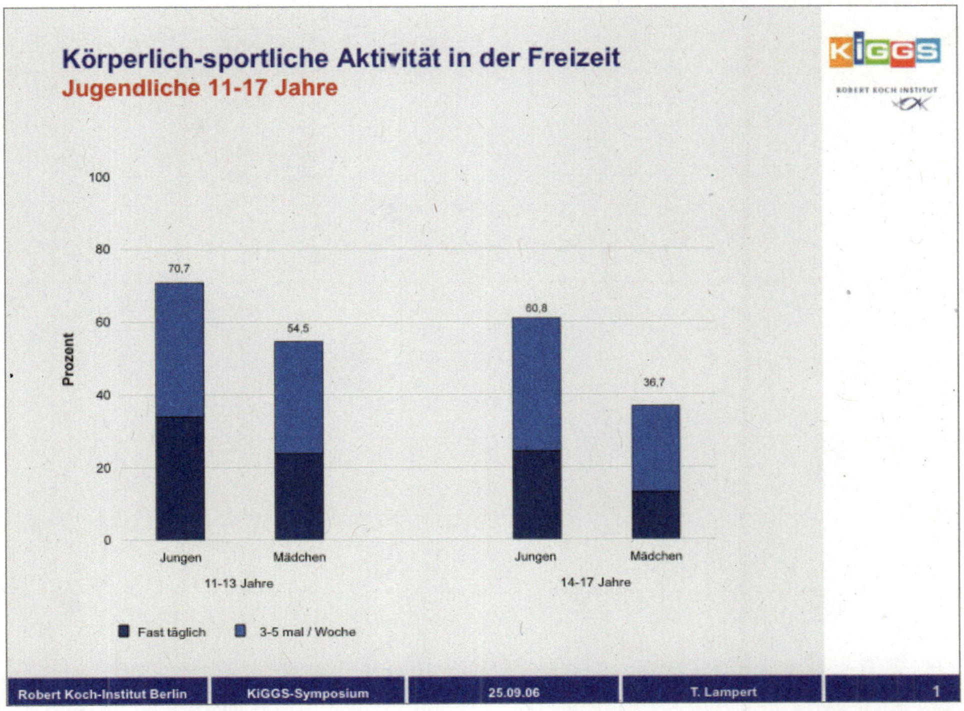

1. Welche der folgenden Aussagen lässt sich mithilfe des Diagramms belegen? Begründet eure Auswahl.

a) Es sind mehr Jungen als Mädchen fast täglich körperlich-sportlich aktiv.

☐ richtig ☐ falsch

Begründung: ______________________________

____

b) Die Mädchen im Alter von 14 – 17 Jahren sind insgesamt körperlich-sportlich aktiver als die Mädchen im Alter von 11 – 13 Jahren.

☐ richtig ☐ falsch

Begründung: ______________________________

____

c) Ca. 23 % der Jugendlichen im Alter von 11 – 17 Jahren sind jeden Tag körperlich-sportlich aktiv.

☐ richtig ☐ falsch

Begründung: ______________________________

____

2. Werte das Diagramm aus. Sieh dir dazu noch einmal die Infobox auf S. 14 an. Halte deine Ergebnisse in Stichworten fest.

Zum Inhalt: ______________________________

____

____

____

____

____

____

____

____

Zur Form: ____

____

Zur Aussageabsicht: ____

____

____

____

____

____

____

____

3. Formuliere die Aussagen des Diagramms in einem schriftlichen Text. Zur Beschreibung eines Diagramms gehört eine typische Sprache. Die folgenden Formulierungen im Wortspeicher kannst du benutzen, um deine Auswertung des Diagramms in einem Text darzulegen.

Einleitung: Thema, Quelle, Erhebungszeitraum, Datenbasis, Form
- Das Schaubild gibt Auskunft über/zeigt …
- Der Grafik ist zu entnehmen …
- Die Daten stammen aus …
- Die Zahlen legt (das Institut für …) vor.
- Die Daten wurden im Jahr … erhoben.
- Die Daten basieren auf (einer Umfrage/einer Erhebung …).
- Das Balken-/Kreis-/…-diagramm veranschaulicht …
- Die Angaben werden in Prozent/absoluten Zahlen gemacht.

Hauptteil: Beschreibung und Erklärung
- Eine genauere Auswertung zeigt …
- Bemerkenswerte Ergebnisse zeigen sich …

Schlussteil: Kommentar und Schlussfolgerung
- Aus dem Schaubild geht hervor (geht nicht hervor), dass …
- Es fällt auf, dass …
- Überraschend ist …
- Erklären lassen sich die Zahlen mit …

4. Welche Ergebnisse der Auswertung des Diagramms sind für dich überraschend? Vergleiche die Ergebnisse der Umfrage auch mit deinen eigenen Erfahrungen. Halte deine Überlegungen mithilfe der Wörter aus dem Wortspeicher fest.

ungewöhnlich • erstaunlich • bemerkenswert • beträchtlich • erheblich • neu • auffallend • im Gegensatz dazu • gegensätzlich • entgegengesetzt • übereinstimmend • passend • ähnlich • genauso • entsprechend

Behauptung, Begründung, weitere Belege – Argumente untersuchen und ausbauen

Das musst du wissen

Willst du einen **Standpunkt vertreten** oder deine Meinung äußern, kommt es darauf an, dass du mit überzeugenden **Argumenten (= Begründungen)** arbeitest. Überzeugend werden deine Argumente, wenn du als **weitere Belege**

- anschauliche Beispiele verwendest,
- eigene Erfahrungen einbringst,
- dich auf allgemein anerkannte Werte wie z. B. Gerechtigkeit oder Gesundheit berufst,
- auf Statistiken verweist,
- dich auf die Erfahrungen anderer und/oder auf die von Experten beziehst.

1. Arbeitet so mit den folgenden Aussagen:

- Unterstreicht jeweils die Behauptung (= These).
- Markiert die Begründung (= das Argument) mit einer Wellenlinie und die weiteren Belege mit einer gestrichelten Linie.

a) Beim Fahrradfahren sollte man unbedingt einen Helm tragen, weil Radfahrer bei einem Zusammenprall mit einem Auto sehr oft mit dem Kopf gegen die Windschutzscheibe geschleudert werden. Das haben Tests des ADAC ergeben. Erst gestern berichtete die Zeitung von einem Unfall mit schweren Folgen, an dem ein Kind, welches keinen Helm trug, beteiligt war.

b) Vor jedem Sporttreiben muss man sich aufwärmen. Denn die Muskulatur benötigt eine bestimmte Temperatur, um reibungslos arbeiten zu können. Andrea zog sich in der letzten Woche eine schmerzhafte Zerrung zu, nachdem sie sich nicht aufgewärmt hatte.

c) Heute Morgen musste ein junger Mann von der Feuerwehr aus dem Baggersee gerettet werden. Das Schwimmen in derartigen Gewässern ist einfach zu gefährlich, weil die Temperaturunterschiede zwischen Wasseroberfläche und tieferen Regionen sehr groß sind und zu Kreislaufversagen führen können.

d) Basketballspieler sollten nicht zu klein sein, weil sie in der Abwehr von ihren Angreifern sehr leicht überworfen werden können. Als Aufbauspieler sind jedoch auch Kleinere geeignet. Sie sind nämlich häufig sehr wendig. Das ist z. B. sehr entscheidend beim Slalomdribbling.

e) Ich bin der Meinung, dass noch viel mehr Menschen auf den öffentlichen Nahverkehr umsteigen sollten, anstatt mit dem Auto zu fahren. Auf diese Weise könnte der Schadstoffausstoß noch weiter vermindert und die Umwelt entlastet werden.

f) Gestern habe ich das Buch „Krabat“ von Otfried Preußler gelesen. Ich war so fasziniert, dass ich nicht mehr aufhören konnte. Überhaupt bin ich der Meinung, dass das Lesen viel interessanter ist als das Fernsehen, weil die Fantasie viel stärker angeregt wird. Die Bilder, die das Fernsehen zeigt, muss man sich beim Lesen selbst „erschaffen“.

g) Ich finde, es ist sehr sinnvoll, sich einem Sportverein anzuschließen. Man lernt noch viel speziellere Dinge als in der Schule, z. B. kompliziertere Spielsysteme wie die Viererkette im Fußball. Außerdem bieten Sportvereine über den Trainingsbetrieb hinaus weitere Aktivitäten an. Meine Schwester hat zum Beispiel an einem Zeltlager teilgenommen, welches ihr Turnverein organisiert hatte, und sie kam ganz begeistert zurück.

2. In den folgenden Aussagen wird jeweils eine Meinung geäußert. Es fehlt ein Argument (= eine Begründung). Ergänze die Aussagen um das Argument und weitere Belege.

- Tierversuche sollten sehr stark eingeschränkt oder verboten werden, ____________________

____

____

- Bei hohen Temperaturen muss der Mensch sehr viel trinken, ____________________

____

____

- Bevor man ins Schwimmbecken springt, sollte man gründlich duschen, ____________________

____

____

- Ein Haustier darf sich nur derjenige kaufen, der genügend Zeit hat, sich darum zu kümmern,

____

____

- Während der Urlaubsreise sollte man auf keinen Fall an die Schule denken, ____________________

____

____

Für mich ist das nichts, oder doch? – Seinen Standpunkt in einem Brief vertreten

Das musst du wissen

Wenn du jemanden in einem Brief von deiner Meinung überzeugen willst, kannst du folgendermaßen vorgehen:

- Gib in der Einleitung an, aus welchem **Anlass** du dich mit dem **Thema** auseinandergesetzt hast. Benenne dann deinen **eigenen Standpunkt** zu dem Thema.
- Lege nun **drei Argumente** dar, mit denen du deine Meinung überzeugend vertrittst.
  - Verwende dabei auch weitere Belege wie Beispiele, eigene Erfahrungen oder Berufung auf Experten und Statistiken.
  - Ordne die Argumente vom eher schwächeren hin zum stärksten Argument.
- Fasse am Ende deinen Standpunkt noch einmal zusammen.
- Mach nach der Einleitung und nach jedem Argument einen **Absatz**.

Während der großen Pause kommt es auf dem Schulhof zu einem Gespräch:

Lars: „Tanzkurs ist für mich überhaupt nichts. Da verrenke ich mir die Beine. Außerdem bin ich überhaupt nicht musikalisch."

Paul: „Das ist doch Quatsch. Die fangen mit ganz einfachen Tänzen an. Die kann jeder lernen. Discofox zum Beispiel."

Anna: „Ich finde es auch gut, tanzen zu können. Dann sitzt man bei Festen nicht immer nur rum. Schützenfest oder Sportlerball."

Diane: „Außerdem ist Tanzen eine echte Sportart, und Sporttreiben ist schließlich gesund."

Monika: „Läuft das da nicht alles so steif ab? Hat zumindest mein Vater gesagt. Der Herr reicht der Dame den rechten Arm und so."

André: „Das gibt es doch schon seit Jahren nicht mehr. Da herrscht eine richtig lockere Atmosphäre. Das macht riesig Spaß, sagt zumindest meine Schwester."

Maria: „Wenn man richtig gut ist, kann man auch Abzeichen erringen und an Wettkämpfen teilnehmen. Natürlich nicht nach dem Grundkurs. Mein Bruder hat schon einen Pokal geholt."

Karla: „Ist das nicht noch ein bisschen früh, in der Klasse 8, meine ich? Man vergisst alles wieder so schnell."

Leon: „In der Schule wollen wir doch auch tanzen, im Sportunterricht. Da können wir dann schon etwas."

Emma: „Außerdem bieten die sonntags immer einen Disconachmittag an, da können wir dann mit unserer Clique hingehen. Ist doch eine tolle Sache."

Umut: „Ich habe einfach keine Lust zum Tanzen, ich spiele lieber Volleyball in meiner Freizeit."

1. Schreibe auf, um welche zwei gegensätzlichen Standpunkte es hier geht.

A: Es ist sinnvoll, ______________________________

B: ______________________________

2. Wer vertritt in dem Gespräch welchen Standpunkt? Liste die Namen jeweils auf.

A: ______________________________

B: ______________________________

3. Tragt in die Tabelle stichwortartig ein, welche Argumente von den Jugendlichen genannt werden. Fallen euch noch weitere Argumente für oder gegen die Teilnahme an einem Tanzkurs ein? Dann tragt sie ebenfalls ein.

PRO: Argumente dafür	KONTRA: Argumente dagegen
– für jeden zu erlernen	– komplizierte Bewegungen
– ____________	– ____________
– ____________	– ____________
– ____________	– ____________
– ____________	– ____________
– ____________	– ____________
– ____________	– ____________
– ____________	– ____________
– ____________	– ____________
– ____________	– ____________
– ____________	– ____________

4. Bist du für oder gegen eine Teilnahme an einem Tanzkurs in der Jahrgangsstufe 8? Versuche, in einem Brief einen Freund oder eine Freundin von deiner Meinung zu überzeugen. Du kannst auch einen Text für die Schülerzeitung schreiben.

Was wird von mir erwartet? – Berufe erkunden

Das musst du wissen

- Um einen **Praktikumsplatz** zu finden, solltest du dir zunächst Gedanken darüber machen, welche **Fähigkeiten** du besitzt und **welche Berufe** zu dir passen könnten.
- Dazu gehört, dass du dich z. B. bei der Berufsberatung des Arbeitsamtes darüber informierst, welche Fähigkeiten und Interessen bei welchen Berufen vorausgesetzt werden.

1. Lest die verschiedenen Berufsbeschreibungen. Überlegt, für welchen Beruf die in der Tabelle auf S. 23 genannten Fähigkeiten wichtig sind. Kreuzt diese an.

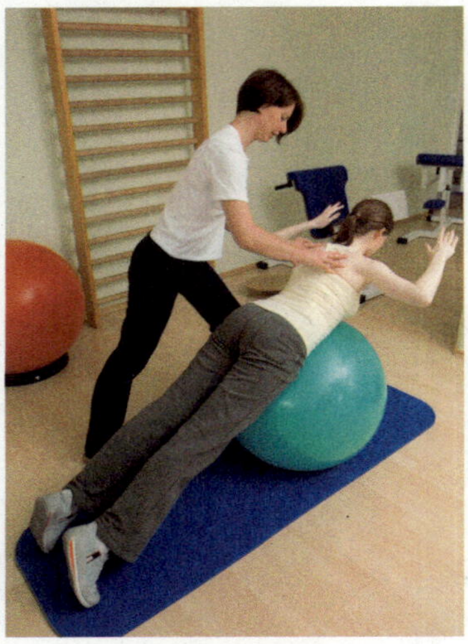

Physiotherapeut und -therapeutin

Physiotherapeuten und -therapeutinnen unterstützen Patienten bei der Erhaltung, Wiederherstellung und Verbesserung ihrer Beweglichkeit und anderer körperlicher Funktionen. Insbesondere bei Personen, die alters-, krankheits- oder unfallbedingt eingeschränkt sind, bieten sie z. B. Muskel- und Koordinationstrainingsmaßnahmen an.
Auf der Basis ärztlicher Diagnose und eigener Beobachtung planen sie den Therapieablauf. Sie führen mit den Patienten gezielte Einzel- und Gruppentherapien durch, z. B. Übungen mit Geräten, Behandlungen in Form von Atemtherapie, Massagen, Elektrotherapien sowie Wärme- oder Hydrotherapien. Dabei beraten Physiotherapeuten und -therapeutinnen ihre Patienten hinsichtlich Wirkungsweise, geeigneter Hilfsmittel, motivieren sie zu Eigenaktivität und Ausdauer und leiten sie zur selbstständigen Durchführung von krankengymnastischen Übungen an.

Medienkaufmann/-frau Digital und Print

Medienkaufleute Digital und Print beraten in Marketing und Vertrieb ihre Kunden über Medienprodukte oder Dienstleistungen des Unternehmens und arbeiten bei der Entwicklung und Umsetzung von Marketingkonzepten mit. Sie verkaufen und erwerben Digital- und Printprodukte, Rechte und Lizenzen. Unterschiedliche Medienmärkte und gesellschaftliche Trends beobachten die Medienkaufleute genau und wirken bei der Produkt- und Programmplanung mit. Auch an der Gestaltung und Herstellung von Medienprodukten sind sie beteiligt. Sie berechnen Produktions- und Vertriebskosten, führen Kalkulationen durch und wenden betriebliche Controllinginstrumente an.

Glaser/-in der Fachrichtung Verglasung und Glasbau

Glaser/-innen der Fachrichtung Verglasung und Glasbau verglasen Fenster, Türen, Schaufenster und Vitrinen, rahmen Bilder ein und fertigen Spiegel an. Auch anspruchsvolle Kunstverglasungen nehmen sie vor. Oft handelt es sich hierbei um Kirchenfenster oder Fenster in repräsentativen Gebäuden, die restauriert oder neu verglast werden müssen. Zur Vorbereitung ihrer Arbeit fertigen Glaser/-innen zunächst Entwürfe an. Dann schneiden sie das Glas zu und schleifen und polieren die Schnittkanten. Zu ihren Aufgaben gehört es auch, Glas durch Gravur- und Schleifarbeiten oder durch Bemalung zu veredeln.

Medizinischer/medizinische Dokumentationsassistent/-in
Medizinische Dokumentationsassistenten und -assistentinnen erbringen Dokumentations- und Informationsdienstleistungen in allen Bereichen des Gesundheitswesens sowie in der pharmazeutischen und chemischen Industrie. In Krankenhäusern arbeiten sie in der patientennahen Verwaltung, erheben Patientendaten, legen Krankenakten an und archivieren sie. Ebenfalls betreuen sie Krankenhausinformationssysteme und schulen Anwender/-innen. Zudem erfassen und erschließen sie die regelmäßig anfallenden medizinischen Daten und stellen diese bereit, z. B. als Diagnose- oder Spezialdokumentationen. Ggf. recherchieren sie auch nach Fachliteratur und besorgen diese.
Im Bereich medizinisch-dokumentarisches Informationsmanagement systematisieren, verschlagworten und verschlüsseln sie Daten und Informationen und entwerfen Bildschirmmasken für Formulare und Dokumentationen. Sie bauen Datenbestände auf, sichern und pflegen sie. Auch an der Erstellung von Statistiken sind sie beteiligt. In der Arzneimittelforschung können sie bei klinischen Studien bzw. bei der Arzneimittelprüfung mitwirken.

	Physiotherapeut	Medienkauf-mann/-frau Digital und Print	Glaser/-in der Fachrichtung Verglasung und Glasbau	Medizinischer/ medizinische Dokumentations-assistent/-in
Umgang mit dem Computer				
gute körperliche Leistungs-fähigkeit				
mathematische Kenntnisse				
Beherrschung der Sprache				
Kreativität				
mit Menschen umgehen können				
räumliches Vorstellungs-vermögen				
gutes Gedächtnis				
Zusammenarbeit mit Kollegen				
handwerkliches Geschick				

2. Erkläre in einem Text, welcher der vier Berufe am ehesten für dich geeignet wäre. Du kannst auch darauf eingehen, welcher Beruf dich aufgrund deiner Interessen und Fähigkeiten am wenigsten interessiert.

Angaben zur Person: ... Schulbildung: ... – einen tabellarischen Lebenslauf erstellen

Das musst du wissen

- Der **Lebenslauf** soll dem Leser einen schnellen **Überblick über deine Person**, deine **Schulbildung** und deine **Fähigkeiten und Interessen** geben.
- Gestalte deshalb deinen Lebenslauf **tabellarisch**. Achte dabei auf ein **übersichtliches Layout**.

Max will sich um einen Praktikumsplatz bewerben, aber er weiß noch nicht, was er machen will. Deshalb hat er einfach einmal aufgeschrieben, was in seinem bisherigen Leben passiert ist.

Das ist mein Leben, bis jetzt ...

Also, ich heiße Max Stein und wurde am 8.8.2004 um 17.45 Uhr in Paderborn, im St. Vincent Krankenhaus, geboren.

Meine Mutter Heike hat den gleichen Nachnamen wie ich und arbeitet als Textilreinigerin in einer kleinen Reinigung. Mein Vater ist Michael Müller und er ist Vermessungstechniker bei der Stadt. Ich habe zwei Geschwister. Mein Bruder Hannes ist älter als ich, er wurde 2002 geboren, aber meine Schwester Jenny ist jünger als ich, sie wurde 2007 geboren. Ich wohne heute immer noch in Paderborn, in der Borchenerstraße 17c in 33105 Paderborn. Allerdings lebe ich mit meiner kleinen Schwester, Mama und ihrem neuen Freund zusammen. Mein Bruder wohnt mit Papa und seiner neuen Freundin auch in Paderborn.

Mit drei Jahren bin ich in den katholischen Kindergarten gekommen, in dem ich schnell viele Freunde fand. Wir haben schon so einiges dort angestellt, unsere Erzieherin fand das sicher nicht immer lustig ☺.

2011 bin ich dann in die Mariengrundschule gegangen. Manchmal war der Unterricht recht langweilig für mich, besonders in Sachkunde und Rechnen habe ich mich oft gelangweilt, weil ich vieles schon wusste. Mein Vater hat mich nämlich oft mitgenommen, wenn er arbeiten musste, und mir einiges erklärt. Zu den passenden Gelegenheiten haben meine Eltern mir immer Bücher über Technik geschenkt, ich habe versucht, einiges mit Bausteinen nachzubauen.

Nach vier Jahren bin ich dann auf die Friedrich-von-Spee-Gesamtschule gegangen. Das war für mich genau die richtige Entscheidung, weil man dort schon in der 5. Klasse Technikunterricht hat und ich das später sogar als Wahlpflichtfach wählen konnte. Wenn ich nicht gerade mit meinen Freunden skate oder ins Kino gehe, dann bastele ich an verschiedenen Dingen herum.

Ich habe auch schon für unseren Garten eine Skulptur aus Müll gemacht. Erst hat das nicht so gut geklappt, weil ich nicht wusste, wie ich anfangen sollte. Mein Vater hat mir dann den Tipp gegeben, die Figur erst aufzuzeichnen. Da ich gut zeichnen kann, hat mir das auch viel gebracht, und mit dem Plan hat das Bauen auch viel besser geklappt.

Trotzdem weiß ich nicht so genau, was ich später einmal werden will. Es ist auch noch nicht ganz sicher, ob ich meinen mittleren Schulabschluss schaffe. Ich würde mir aber schon wünschen, dass mein Beruf etwas mit Technik zu tun hat ... Übrigens habe ich auch eine Ausbildung zum Schulsanitäter gemacht.

1. Sammelt anhand von Max' Lebensbeschreibung vier Berufe, die eurer Meinung nach für ihn geeignet sind.

___

___

2. Markiert in dem Text von Max alle Angaben, die für einen Lebenslauf wichtig sind, und unterstreicht alle Angaben, die für das Bewerbungsanschreiben wichtig sind.

Tipp: Dinge, die ihr für beide Schreiben braucht, könnt ihr doppelt unterstreichen.

3. Fülle die Lücken in Max' Lebenslauf mit den Daten aus seiner Lebensbeschreibung aus.

Lebenslauf

Bewerbungsfoto

Angaben zur Person:

Name: ____________________

Anschrift: ____________________

33105 Paderborn

Geburtsdatum: 8.8.2004

Geburtsort: ____________________

Eltern: Michael Müller, ____________________,

____________________, Textilreinigerin

Geschwister: ____________________, 16 Jahre

____________________, ____________________

Schulbildung:

____________________: Mariengrundschule, ____________________

____________________: ____________________, Paderborn

Persönliche Fähigkeiten und Kompetenzen:

____________________: Grundkenntnisse Englisch

____________________: Grundkenntnisse in Word und Excel

Persönliche Interessen: ____________________

____

Weitere Qualifikationen: Ausbildung zum ____________________

Paderborn, den ____________________

Max Stein

4. Gib den Lebenslauf von Max am PC ein. Arbeite dabei mit dem Tabulator, um den Lebenslauf übersichtlich zu gestalten.

Sehr geehrte Damen und Herren ... – das Bewerbungsschreiben verfassen

Das musst du wissen

Eine **Bewerbung** ist wie andere Geschäftsschreiben nach einem bestimmten Muster anzulegen. Ein solches Schreiben muss enthalten:

1) Vor- und Nachnamen, Anschrift, Telefonnummer, ggf. Internetadresse,
2) Ort und Datum,
3) Anschrift der Firma (ggf. Person angeben, zu der man bereits einen Kontakt hergestellt hat),
4) Grund/Anlass des Schreibens,
5) – persönliche Anrede (z. B.: Sehr geehrte Damen und Herren, Sehr geehrte Frau Dr. ...),
   – kurzer einleitender Satz, in dem das Anliegen verdeutlicht wird,
   – eigene Schule und Klasse,
   – nähere Einzelheiten zum Praktikum: persönliche Gründe, Interesse für einen bestimmten Beruf, Dauer des Praktikums,
   – Abschluss mit einer Grußformel (z. B.: Mit freundlichem Gruß),
6) Unterschrift.

Max hat sich entschlossen, sich um ein Praktikum als Glaser mit der Fachrichtung Verglasung und Glasbau zu bewerben. Er hofft, in diesem Beruf nicht nur seine technischen Qualifikationen, sondern auch seine Begabung im zeichnerischen Bereich einbringen zu können.

1. Fülle das Bewerbungsschreiben von Max auf S. 27 aus:

- Gehe dazu die einzelnen Merkmale in der Lernbox von Punkt 1 bis Punkt 6 durch und ergänze die fehlenden Angaben in dem Bewerbungsschreiben.
- Wenn du die Gelegenheit hast, übernimm den Briefbogen von Max mithilfe eines PCs und vervollständige ihn dort.
- Die Punkte zwischen den Zeilen sollen verdeutlichen, wie viele Zeilen jeweils freizulassen sind.

2. Verfasse dann selbst eine Bewerbung für einen möglichen Praktikumsplatz mit einem tabellarischen Lebenslauf und einem Bewerbungsschreiben.
Arbeite dabei möglichst an einem PC.

Max Stein

Paderborn, ____________________

____

____

Tel. __________________________________

.

.

.

.

.

Glaserei Meyer
Herrn Wilhelm Meyer
Merowingerstr. 32

33108 ________________________________

.

.

.

.

Bewerbung um einen Praktikumsplatz als ____________________________________

.

.

Sehr geehrter Herr ____,

.

in dem Telefongespräch vom ______________________________ sagten Sie mir, dass Sie Praktikanten aufnehmen. Ich möchte mich hiermit um einen ____ in Ihrer Firma bewerben.

Mich interessiert besonders der Beruf des __________________________________. Ich denke, ich bin für den Beruf des ____________________________ gut geeignet.

.

Das Praktikum an unserer Schule wird im nächsten Schuljahr in der Zeit vom ______________________ __________________________ durchgeführt.

.

Ich besuche zurzeit die __________________ der ____.

.

Für eine ____ oder telefonische Zusage wäre ich ____.

.

.

Mit ____

.

Max Stein

Bitte recht freundlich – ein Bewerbungsfoto auswählen

Das musst du wissen

- Das Bewerbungsfoto wird dem Lebenslauf beigefügt.
- Du solltest keine Privatbilder dafür nehmen. Verwende also keine Strandbilder, keine Familienporträts, keine Facebook-Profilbilder und auch keine Passfotos, da diese ganz besonderen Vorgaben entsprechen müssen.
- Bei einem Bewerbungsfoto sollte es sich um ein sogenanntes Porträtfoto handeln. Es sollte den Kopf, die Schultern und den oberen Teil des Oberkörpers des Bewerbers zeigen.
- Deine Kleidung auf dem Bewerbungsfoto sollte ordentlich und angemessen sein.

1. Hier siehst du drei Fotos, die Max für seine Bewerbung herausgesucht hat. Wähle ein Foto aus und begründe, warum dieses Foto für eine Bewerbung geeignet ist.

1 

2 

3 

___

___

___

___

___

___

___

___

___

___

Wenn das Wörtchen „wenn" nicht wäre ... – Konjunktiv II

Das musst du wissen

- Durch den **Modus** (= Aussageweise eines Verbs) kann der Sprecher unterschiedliche Sichtweisen zum Ausdruck bringen, z. B.:
  - **Indikativ** (= Wirklichkeitsform): Es ist wirklich so *(Ich **habe** in Sport eine Eins).*
  - **Konjunktiv II** (= Form der Nichtwirklichkeit): Es ist nur vorgestellt oder gewünscht *(Ich **hätte** gerne in Sport eine Eins).*
- Der Konjunktiv II wird **vom Präteritum** des Verbs **gebildet**.
- **Beispiele**: *ich ging – ich ginge, er trank – er tränke, sie lief – sie liefe, er bekam – er bekäme*
- Da sich manche Konjunktiv-II-Formen ungewohnt anhören, wird der Konjunktiv II heute immer öfter mit **„würde" umschrieben**.
- **Beispiele**: *er begönne → er würde beginnen; er führe → er würde fahren*

1. Kreuzt an, bei welchen Sätzen der Konjunktiv II verwendet wird.

- ☐ Im Sommer fahre ich gern mit meinen Inlineskates.
- ☐ Im Winter führe ich gern in die Berge zum Skifahren.
- ☐ Morgen beginnt die Schule erst um 8:30 Uhr.
- ☐ Wenn es nach mir ginge, würde die Schule erst später beginnen.
- ☐ Hätte ich mehr Glück gehabt, wäre mir der Führungstreffer gelungen.
- ☐ Wenn es eine passende Verbindung gäbe, führen wir mit dem Zug.

2. Ergänzt jeweils die Form des Präteritums und des Konjunktivs II.

Präteritum (Vergangenheitsform)	**Konjunktiv II** (Form der Nichtwirklichkeit)
er lief	
	er riefe
sie	sie spräche
er	er sänge
sie hatten	sie
sie waren	sie
sie konnten	

3. Stell dir vor, wie die Menschen in der Zukunft leben werden.
Verwende die Form des Konjunktivs II.

Beispiel: Jedes Haus hat einen eigenen Hubschrauber-Landeplatz.
Jedes Haus hätte einen eigenen Hubschrauber-Landeplatz.

- Ich fliege mit einem Minihubschrauber zur Schule.

  ____

- Die Menschen können sich beim Telefonieren sehen.

  ____

- Es gibt nur noch Wind- und Sonnenenergie.

  ____

- Natur und Technik sind im Einklang.

  ____

- Krankheiten gibt es nicht mehr.

  ____

- Aber ist das nicht eher ein Schlaraffenland?

  ____

4. Ersetze in den folgenden Sätzen die markierte Form des Konjunktivs II durch „würde + Infinitiv".

- Till meinte, er **käme**, wenn er früh genug zurück sei.

  ____

- Ich **führe** mit nach Hamburg, wenn ich Zeit hätte.

  ____

- Er **brächte** das Buch **mit**, wenn er es nur finden könnte.

  ____

- Er **läse** den dicken Roman sofort, wenn die Zeit reichte.

  ____

5. Ersetze in den folgenden Sätzen die Umschreibung mit „würde" durch die einfache Form des Konjunktivs II.

Beispiel: Würde ich doch immer an die Hausaufgaben denken!
Dächte ich doch immer an die Hausaufgaben!

- Würde ich doch zum Geburtstag einen neuen Computer bekommen!

  ____

- Würde ich doch ein paar Zentimeter größer sein!

  ____

- Würden doch mehr Menschen mit dem Fahrrad statt mit dem Auto fahren!

  ____

- Würde ich doch nicht so viele Hausaufgaben machen müssen!

  ____

6. Manchmal kann es Missverständnisse geben, weil die Form des Präteritums und die Form des Konjunktivs II gleich sind *(z. B.: Ich **reiste** gerne nach Paris)*. Dann ist die Umschreibung mit „würde" eindeutiger *(z. B.: Ich **würde** gerne nach Paris **reisen**)*.
Formuliere die folgenden Sätze mithilfe der Umschreibung mit „würde" eindeutiger.

- In der Zukunft **lebten** alle Menschen friedlich miteinander.

  ____

  ____

- Wenn es **regnete**, **benutzte** er den Bus.

  ____

  ____

- Ohne gute Pflege **blühte** die Rose nicht so lange.

  ____

  ____

- Bei starkem Frost **hieltet** ihr es draußen nicht so lange aus.

  ____

  ____

Paul sagt, er sei heute krank – Konjunktiv I in der indirekten Rede

Das musst du wissen

- Der Konjunktiv I wird vor allem in der indirekten Rede verwendet. Der Sprecher verdeutlicht dadurch, dass er die Äußerung eines anderen wiedergibt *(Paul sagt, er* ***sei*** *heute krank).*
- Den Konjunktiv I bildest du vom Wortstamm des Infinitivs:
  Infinitiv: ***hab****-en* Präsens: *er hat* Konjunktiv I: *er* ***hab****-e*
  hol*-en* *er holt* *er* ***hol****-e*

1. Ergänze die folgende Übersicht.

Infinitiv	Präsens (Indikativ)	Konjunktiv I
sehen	er	er
	sie	sie kenne
	er	er erhalte
	sie fällt	sie
laufen	sie	sie

2. Unterscheide zwischen Indikativ, Konjunktiv I und Konjunktiv II. Ergänze die fehlenden Formen.

Indikativ	Konjunktiv I	Konjunktiv II
• es **ist** so	er meint, es **sei** so	er wünscht sich, es **wäre** so
• sie ________	er meint, sie **komme**	er wünscht sich, sie **käme**
• sie **trifft**	er meint, sie ________	er wünscht sich, sie **träfe**
• sie ________	er meint, sie ________	er wünscht sich, sie **hätte**
• sie **ist**	er meint, sie **sei**	er wünscht sich, sie ________

3. Unterstreiche in der wörtlichen Rede die Formen des Indikativs.

- Frau Linnenkrüger meint: „Ich habe gestern einen Film über Wale aufgenommen."
- Kirsten ruft: „Den finde ich super, der hat mir sehr gefallen!"
- Sven sagt: „Jetzt bin ich gespannt. Den will ich unbedingt auch sehen."

4. Forme die Sätze aus Aufgabe 3 in die indirekte Rede um. Verwende dabei die Formen des Konjunktivs I.

Frau Linnenkrüger meint, sie ______________________________

____

____

____

____

5. Setze auch die folgenden Sätze in die indirekte Rede um.

- Pia sagte zu mir: „Ich gehe heute Abend ins Kino."

  ____

- Die Lehrerin bat Karina: „Zeig mir bitte mal dein Heft!"

  ____

- Der Klassensprecher befürchtet: „Der Wandertag fällt aus."

  ____

- Sandra schreibt auf den Zettel: „Ich bin bei Meike."

  ____

- Sie hat doch gesagt: „Sie kennt ihn nicht."

  ____

6. Bei dem folgenden Text handelt es sich um einen Auszug aus einem Interview mit einem Sportler, der die Sportart „Kegeln" erfolgreich betreibt. Forme sowohl die Frage als auch die Antwort in indirekte Rede um. Beginne mit:
Auf die Frage … antwortete der Sportler …

Frage: „Wie sind Sie zum Kegelsport gekommen?"
Antwort: „Die Voraussetzungen waren für mich optimal. Meine Eltern hatten eine Gaststätte, sodass ich schon in jungen Jahren den ersten Kontakt zum Kegeln bekam. Mit 18 Jahren bin ich dann in den SKV Greste eingetreten. Sechs Jahre habe ich noch parallel beim TUS Helpup in der Fußball-Kreisliga gespielt und mich dann für die Kegel-Kugel entschieden."

Sie sagten, sie hätten ... Sie sagten, sie würden ... – Konjunktiv II in der indirekten Rede

Das musst du wissen

Manchmal stimmen die Formen des Indikativs Präsens und des Konjunktivs I überein.
Dann benutzt du in der indirekten Rede als Ersatzform den Konjunktiv II oder die Umschreibung mit **„würde“**.

Beispiel: *Mara und Valerius sagten: „Wir* ***haben*** *heute keine Zeit.“* (direkte Rede)
Mara und Valerius sagten, sie ~~***haben***~~ *heute keine Zeit.* (indirekte Rede: nicht vom Indikativ zu unterscheiden)
→ *Mara und Valerius sagten, sie* ***hätten*** *heute keine Zeit.* (Ersatzform: Konjunktiv II)
Mara und Valerius sagten, sie ***würden*** *heute keine Zeit* ***haben***. (Ersatzform: Umschreibung mit **„würde“**)

1. Formt jeweils in die indirekte Rede um. Benutzt dazu die angegebenen Möglichkeiten:

a) Konjunktiv II, b) Umschreibung mit *„würde“*.

Beachtet die Hilfen im Merkkasten.

- Inga und Helena sagen: „Wir kommen morgen auch.“ (Möglichkeit a)

____

____

- Beide behaupten: „Wir haben heute keine Zeit.“ (Möglichkeit a)

____

____

- Mareike und Peter versprechen: „Wir besorgen jetzt den Rekorder!“ (Möglichkeit a/ Möglichkeit b)

____

____

____

____

- Peter meint noch: „Wir beeilen uns.“ (Möglichkeit b)

____

____

- Einige rufen den beiden zu: „Ihr dürft euch Zeit lassen!“ (Möglichkeit a)

2. Formt den folgenden Witz in die indirekte Rede um. Ihr müsst zweimal die Ersatzform mit „würde“ benutzen.

Frau Pfiffig fragt einen Taxifahrer: „Was kostet eine Fahrt zum Bahnhof?“ Der antwortet: „Zwölf Euro.“ Daraufhin Frau Pfiffig: „Und was kosten meine beiden Koffer?“ Der Taxifahrer: „Die kosten nichts.“ Frau Pfiffig: „Das ist okay. Dann können Sie bitte die Koffer zum Bahnhof fahren. Ich gehe zu Fuß.“

3. Forme auch die wörtliche Rede in der folgenden Fabel in die indirekte Rede um. Du musst einmal die Ersatzform für den Konjunktiv I in der indirekten Rede verwenden.

Das Pferd und der Stier

Ein Junge ritt stolz auf einem feurigen Pferd. Das sah ein wilder Stier und rief dem Pferd zu: „Du lässt dich ja von einem Kind regieren. Schäme dich.“ Überlegen antwortete das Pferd: „Welche Ehre kann es mir bringen, wenn ich ein Kind abwerfe?“

(frei nach einer Fabel von G. E. Lessing)

Buschfeuer! – Den Inhalt eines Jugendbuchauszuges erschließen

Das musst du wissen

Zur **Vorbereitung einer Inhaltsangabe** ist es wichtig, dass du dir zunächst einen Überblick über den Aufbau eines Textes verschaffst und dir seinen **Inhalt genau erschließt**.

- Bei erzählenden Texten ist es sinnvoll, dass du dir einige der **W-Fragen stellst**, z. B.:
  - Wo und wann spielt das erzählte Geschehen?
  - Welche Figuren kommen in dem Text vor?
  - Was passiert in dem Text? Welche Handlung wird erzählt?
- Eine **Gliederung des Textes in Abschnitte** hilft dir, einen Überblick über die gesamte Handlung und den Aufbau des Textes zu gewinnen.

Rainer M. Schröder (geb. 1951)

Abby Lynn – Verschollen in der Wildnis

Dieser Text ist ein Auszug aus dem zweiten Band der Abby-Lynn-Jugendbuchreihe von Rainer M. Schröder. Die Handlung spielt im Jahr 1808 in Australien. Abby Lynn wird in England unschuldig wegen Diebstahls angeklagt und verurteilt. So kommt sie als Sträfling nach Australien. Nach vielen Abenteuern erlangt sie dort wieder ihre Freiheit und heiratet den Farmer Andrew Chandler. Mit ihm lebt und arbeitet sie auf der Farm „Yulara“, die ihrem Schwiegervater gehört. Die Farm wird von einem Buschfeuer bedroht und die Familie Chandler sowie ihre Arbeiter, u. a. Travis und Jake, versuchen, die Farm vor dem Feuer zu schützen.

Das Feuer wütete weiter oberhalb heftiger als am unteren Teil des Bogens, wo Abby mit Travis und Jake Posten bezogen hatte. Dort, im Abschnitt zwischen Andrew und seinem Vater, wurde die Hauptschlacht gegen das Buschfeuer geschlagen.
Abby überlegte, ob sie nicht die Gruppe um Andrew verstärken sollte. Travis und Jake waren bestimmt in der Lage, diesen Abschnitt allein unter Kontrolle zu halten.
Plötzlich sah sie eine Bewegung. Abby stutzte und glaubte im ersten Moment, auf der anderen Seite der Feuerschneise[1] ein Tier entdeckt zu haben, das dem Feuer zu entfliehen versuchte. Es musste verletzt sein, denn es schleppte sich mühsam voran. Zuerst konnte sie keine genauen Umrisse erkennen, denn das Feuer sorgte für ein verwirrendes Spiel aus tiefen Schatten und grellem Flammenschein. Zudem trieben Rauchwolken durch den Busch. Abby kniff die Augen zusammen und starrte zu den Büschen hinüber, über die der Rauch wie Nebel hinwegzog. Hatte sie wirklich nur ein Tier gesehen, oder konnte es sein, dass …
Noch bevor sie den Gedanken beenden konnte, taumelte eine Gestalt aus den Rauchwolken hervor. Abby stieß einen Schrei des Entsetzens aus. Es war kein Tier, das dort drüben zwischen den Sträuchern vorwärtstaumelte und immer wieder zu Boden stürzte, sondern ein Mensch!
„Travis! … Jake!“, schrie sie.
Die beiden Männer hatten sich breite Ledergurte über die Schulter gelegt und schleppten eine Tonne Wasser heran.
„Was ist, Abby?“, keuchte Jake.
„Da drüben ist jemand!“, schrie Abby aufgeregt. „Ein Mann oder eine Frau. So genau habe ich

[1] **Feuerschneise:** künstlich angelegter Streifen ohne Pflanzenbewuchs, um die Ausbreitung eines Feuers zu verhindern

die Gestalt nicht gesehen. Ich glaube, sie ist verletzt. Auf jeden Fall ist da jemand, dem wir schnellstens helfen müssen!"

„Wo?"

„Da drüben zwischen den Büschen, links von der Akazie[1]!"

Travis starrte in die Richtung, in die Abby deutete, und schüttelte den Kopf. „Da ist nichts, Abby." „Deine gereizten Augen haben dir einen Streich gespielt", sagte Jake, der ebenfalls keine menschliche Gestalt erblicken konnte. „Wer soll auch da draußen sein?"

„Aber ich habe sie ganz deutlich gesehen!", stieß Abby hervor. „Sie ist zwischen den Sträuchern zu Boden gestürzt."

„Das hast du dir bloß eingebildet", versicherte Travis.

Abby vergeudete keine weitere Zeit damit, Travis und Jake von dem überzeugen zu wollen, was sie gesehen hatte. Jede Sekunde war jetzt kostbar und konnte über Leben und Tod entscheiden. Sie bückte sich nach zwei Decken und tauchte sie in das Wasser.

„Was hast du vor?", fragte Travis erschrocken.

„Was wohl?", antwortete Abby aufgebracht, warf sich eine der triefenden Decken über den Kopf, presste die andere vor die Brust und rannte los.

„Abby! Bist du verrückt geworden? Bleib hier!", schrie Jake hinter ihr her.

Abby hörte nicht auf ihn, sondern rannte auf die Stelle zu, wo sie die Gestalt zu Boden stürzen gesehen hatte.

Travis stieß einen Fluch aus. „Los, ihr nach! Wenn ihr was zustößt, werden wir das auszubaden haben!"

Hastig hüllten nun auch sie sich in wassergetränkte Decken und liefen ihr nach.

Abby rannte im Zickzack über die Schneise. Sie wusste, dass ihr nicht viel Zeit blieb, die Gestalt zu finden. Rauch trieb ihr entgegen. Ihre Augen tränten und sie zog einen Zipfel der Decke vor Mund und Nase, um einigermaßen atmen zu können. Hinter sich hörte sie die Schreie von Jake und Travis, die sie zur Umkehr beschworen.

Ihr Herz schlug wie wild und die Flammen eines brennenden Dickichts leckten nach ihren Beinen. Ihr war, als hätte eine Peitsche ihre nackte Haut getroffen. Sie sprang zur Seite, stolperte, ging zu Boden, rappelte sich jedoch sofort wieder auf und schaute sich in dem Inferno aus Rauch und Feuer, das sie zu umschließen drohte, gehetzt um. Für einen Augenblick hatte sie die Orientierung verloren und wusste nicht, wohin sie sich wenden musste, um zu der Gestalt zu kommen, die sie gesehen hatte. Dann bemerkte sie die Akazie und sie hetzte weiter.

Travis und Jake waren nun dicht hinter ihr.

„Zurück!", schrie Travis und bekam ihren Arm zu fassen. „Das ist glatter Selbstmord! Das Feuer wird uns den Weg abschneiden! Wer immer hier sein soll, ihm ist jetzt sowieso nicht mehr zu helfen!"

In dem Moment sah Abby die Gestalt, die gekrümmt am Boden lag. Es handelte sich um ein Mädchen oder eine Frau, denn sie trug ein zerfetztes Kleid, nach dem nun die Flammen griffen. Ihr war, als könnte sie ein Wimmern hören.

„Da!", schrie sie, riss sich los und war mit drei Sätzen bei ihr. Sie schlug mit der Decke nach den Flammen, die schon auf den Saum des Kleides übergesprungen waren. Ringsum brannte das hohe Gras und der Funkenregen war wie ein Hagel winziger rot glühender Nadeln, die sich in die Haut brannten und Haare versengten. […] Sie wickelten das wimmernde Mädchen in die Decke, die Abby über ihren schmächtigen Körper geworfen hatte, und trugen es im Laufschritt aus der akuten Gefahrenzone. Die Akazie stand mittlerweile lichterloh in Flammen.

(1993/2004)

---

[1] **Akazie:** eine Gattung von Bäumen und Sträuchern in wärmeren Klimazonen

1. Erschließe den Inhalt des vorliegenden Jugendbuchauszuges. Beantworte dazu die folgenden Fragen in Stichworten:

a) **Wo** spielt das erzählte Geschehen?

____

b) **Wann** spielt die Handlung?

____

c) Vervollständige die folgende Gliederung des Jugendbuchauszuges und fasse dazu den Inhalt jedes Abschnitts in einer Überschrift oder mit einem Satz zusammen. Halte dann das erzählte Geschehen jeweils mit Stichworten fest.

Zeilen	Überschrift/Zusammenfassung
Z. 1 – 5	Abby bekämpft das Feuer in einem Teilabschnitt mit Travis und Jake.
Z. 6 – 12	Abby sieht …
Z. 13 – 15	Abby erkennt …
Z. 16 – 43	Abby entschließt sich … Travis und Jake …
Z. 44 – 60	…
Z. 61 – 66	…

2. Welche Figuren kommen in dem Romanauszug vor und in welcher Beziehung stehen sie zueinander?
Stellt die Figurenkonstellation in Form eines Schaubildes dar. Arbeitet dabei mit Symbolen, Pfeilen und Stichworten.

Abby Lynn

- Frau des Farmers
- sieht einen Menschen im Buschfeuer
-

- Arbeiter auf der Farm
-

3. Worum geht es in dem Auszug aus „Abby Lynn – Verschollen in der Wildnis“ von Rainer M. Schröder? Erkläre dies mit einem oder zwei Sätzen.

Abby zeigt Mut – eine Inhaltsangabe zu einem Jugendbuchauszug verfassen

Das musst du wissen

- In die Einleitung einer Inhaltsangabe gehören folgende Angaben: **Textsorte** (z. B. Kurzgeschichte, Roman, Jugendbuch usw.), **Titel des Textes, Autor, Entstehungszeit** bzw. **Erscheinungsjahr** und **eine kurze Angabe, worum es in dem Text inhaltlich geht**.
- In dem Hauptteil wird die Handlung **möglichst knapp**, aber **übersichtlich** und **vollständig** dargestellt. Dabei musst du folgende Punkte beachten:
  - Gib die wichtigsten Geschehnisse in einer **sinnvollen Reihenfolge** wieder.
  - Beschränke dich auf **das Wesentliche**. Verzichte auf die Darstellung von Einzelheiten.
  - Gib den **Inhalt mit eigenen Worten** wieder. Verzichte dabei auf Gefühle sowie eigene Wertungen. Formuliere **sachlich**.
  - Verwende **keine wörtliche (direkte) Rede**. Gib sie durch die indirekte Rede oder Umschreibungen wieder.
  - Schreibe im **Präsens**.
- Die Inhaltsangabe besitzt keinen Schlussteil. Um den Hauptteil abzuschließen, kannst du aber am Ende z. B. auf folgende Fragen eingehen:
  - Wie beurteilst du das Verhalten der Figuren?
  - Was hat dir an dem Text gefallen, was nicht?
  - Kennst du vergleichbare Geschichten?

1. Sammle die wichtigsten Angaben für die Einleitung zu deiner Inhaltsangabe.

- Textsorte:

  ___

- Titel des Textes:

  ___

- Name des Autors:

  ___

- Entstehungszeit bzw. Erscheinungsjahr:

  ___

- Worum geht es (kurze Angabe)?

  ___

  ___

  ___

2. Verfasse nun die Einleitung zu deiner Inhaltsangabe.

3. Ein Schüler hat den Hauptteil seiner Inhaltsangabe so begonnen:

> Die Handlung spielt im Jahr 1808 in Australien. Die Farm der Familie Chandler wurde von einem Buschfeuer bedroht. Deshalb waren die Farmarbeiter und die Familie Chandler dabei, das Feuer von der Farm fernzuhalten. Zur Familie Chandler gehörte auch Abby Lynn, die Frau von Andrew Chandler, dem Sohn des Besitzers der Farm. Abby sowie die Farmarbeiter Travis und Jake kämpften gemeinsam an einem Abschnitt gegen die Flammen.

Welchen Fehler hat er gemacht?

4. Schreibe den Anfang des Hauptteils dieser Inhaltsangabe so auf, wie er richtig lauten muss.

5. Schreibe den restlichen Hauptteil der Inhaltsangabe in dein Heft.

6. Schließe den Hauptteil ab, indem du einen der folgenden Satzanfänge abschreibst und fortsetzt:

- Ich finde, dass Abby Lynn in dieser Situation mutig handelt, weil …
- Meiner Meinung nach handelt Abby Lynn in dieser Situation leichtsinnig, denn …
- Ich finde diesen Text spannend/nicht spannend, da …

„Tagesausflug“ – eine literarische Figur charakterisieren

Das musst du wissen

Die **genaue Beschreibung** einer Figur eines literarischen Textes wird als **Charakterisierung** bezeichnet.
Sie kann, je nachdem, welche Angaben im Text enthalten sind, folgende Punkte umfassen:

- Einleitungssatz: Verfasser, Titel, Textart, Thema, Name der zu beschreibenden Figur,
- Vorstellung der Figur: Name, äußeres Erscheinungsbild, Beruf, Familiensituation, Freunde/Bekannte,
- Vorlieben, Abneigungen, Hobbys,
- Charaktereigenschaften und Verhaltensweisen,
- Beziehungen zu anderen Figuren des Textes.

Das Tempus der Charakterisierung ist das **Präsens**.

1. Lies den folgenden Text sorgfältig.

Max von der Grün (1926 – 2005)

Tagesausflug

Friedrich und Friederike leben mit ihren Eltern in einer Siedlung am Rande Dortmunds. Eine lange Kinderfreundschaft verbindet die beiden Fünfzehnjährigen. Doch plötzlich verändert sich die Beziehung und sie sehen sich mit ganz anderen Augen. Max von der Grün erzählt davon in neun Geschichten.

Zeitig im Frühling fuhren die beiden neunten Klassen der Hauptschule mit einem Bus nach Winterberg im Sauerland. Dort angekommen rasteten sie auf einem großen Parkplatz am Rande der Kurstadt; dann wanderte eine Klasse zum Kahlen Asten, dem höchsten Berg Westdeutschlands, die andere Klasse zur Ruhrquelle. Für beide Klassen war es eine bequeme Tageswanderung und von den Lehrern so geplant, dass genug Zeit für Pausen, Spiele und für kurzweiligen Unterricht in Biologie blieb.

Nachmittags, nach einer ausgedehnten Schnitzeljagd, wanderte Friedrichs und Friederikes Klasse ohne Eile durch den Wald nach Winterberg zurück. Sie war nicht in einer geschlossenen Gruppe unterwegs, sondern in lockeren, weit auseinandergezogenen Grüppchen; für die Lehrer war es nicht immer leicht zu überblicken, ob jeder mitkam. Den meisten taten die Beine weh. Der sechs Kilometer lange Weg zur Ruhrquelle und die sechs Kilometer zurück kam vielen wie eine Weltreise vor, weil sie das Wandern nicht gewohnt waren. Vater hatte ja ein Auto, sogar für die kurzen Wege innerhalb der Siedlung wurde das Auto benutzt.

Friederike lief anfangs in der Spitzengruppe mit. Dann fiel sie immer mehr zurück. Dauernd entdeckte sie am Rande des Weges etwas, was ihre Neugierde weckte: Gräser, Farne, Blumen, die sie nie zuvor gesehen hatte. Ohne es selbst zu merken, geriet sie an den Schluss der lang gezogenen Wandergruppe. Selbstvergessen beobachtete sie Hummeln, die in Blütenkelche krochen, Eidechsen, schwarze Käfer; mehr als einmal schrak sie zusammen, wenn es tiefer im Wald laut knackte.

Dann sah sie zwei Eichhörnchen, die auf dem starken Ast einer weit ausladenden Buche hin und her liefen. Friederike versteckte sich hinter einer Ulme und hielt den Atem an, als könne allein schon lautes Atmen die Tiere verscheuchen; sie war hingerissen vom Spiel der Eichhörnchen, von ihren eleganten Bewegungen, den katzengleichen Sprüngen, und vergaß darüber alles andere. Sie vergaß, wo sie sich befand, sie vergaß, dass sie pünktlich am Parkplatz sein musste, sie vergaß Schüler und Lehrer.

Als die Eichhörnchen pfeilschnell im Geäst der Buche verschwunden waren und Friederike ihren Weg fortsetzen wollte, musste sie mit jähem Erschrecken feststellen, dass sie mutterseelenallein im Wald stand. Kein Mensch war zu sehen, nur der Wind rauschte in den Wipfeln. Sie blinzelte in die Sonnenstrahlen, die schräg durch das Blätterdach auf den Waldboden grelle Muster malten, stand ratlos, mit hängenden Armen da, unfähig, einen klaren Gedanken zu fassen. Plötzlich wusste sie nicht einmal mehr, aus welcher Richtung sie gekommen war, in welche Richtung sie zu gehen hatte.

Da rannte sie los und rief „Fritz! Fritz!“, rannte davon quer durch den Wald, bis sie stolperte, in ein Loch trat und vor Schmerz aufschrie. Als sie weitergehen wollte, knickte das rechte Bein ein, im Fußknöchel stach es heftig. Friederike ließ sich auf den Waldboden fallen und dachte: Was jetzt, was jetzt? Und noch einmal schrie sie „Fritz! Fritz!“ und versuchte, wieder aufzustehen. Der Schmerz trieb ihr Tränen in die Augen, aber sie stand. Sie lehnte sich an einen Baumstamm, zog den rechten Fuß hoch und rieb den Knöchel; dann versuchte sie, nur mit der Ferse aufzutreten, das tat nicht so weh. So konnte sie sich humpelnd eine Zeit lang vorwärtsbewegen. Da sie sich aber nicht auf einem glatten Weg befand, sondern mitten im Wald, wo ein Hindernis hinter dem anderen verborgen liegt, war es ein mühsames Humpeln, und bald gab sie es ganz auf. Sie setzte sich auf einen Baumstamm und blieb einfach sitzen.

2. Angaben, die für eine Charakterisierung Friederikes wichtig sein können, sind bereits gelb markiert. Vervollständigt den Steckbrief mit den Angaben, die gelb markiert sind. Notiert dahinter, ob die Angabe aus dem Vorspann des Textes stammt, bzw. gebt die Zeilen des Textes an.

Steckbrief von Friederike	
Vorstellung der Figur:	
• Name	• *Friederike (Vorspann)*
• Alter	• ______________
• Wohnort	• ______________
• Schule/Klasse	• ______________
• Familie	• ______________
• Freund	• ______________

Steckbrief von Friederike	
Vorlieben, Abneigungen, Hobbys:	• *interessiert sich für Pflanzen und …*
Charaktereigenschaften und Verhaltensweisen:	• *Sie ist neugierig.* • ____________ • ____________ • ____________ • ____________
Beziehungen zu anderen Figuren:	• ____________

3. Die Angaben, die für den Einleitungssatz notwendig sind, sind grün markiert. Formuliere den Einleitungssatz zu einer Charakterisierung Friederikes.

Die Erzählung ____________

4. Schreibe nun auf der Grundlage des Steckbriefes eine Charakterisierung Friederikes.

Friederike ist fünfzehn und lebt …

Der Kellner bedient ... Die Gäste werden bedient ... – Aktiv und Passiv unterscheiden

Das musst du wissen

- Wenn bei einer Handlung der **Handelnde** im Mittelpunkt steht, benutzt du meistens das **Aktiv** *(Der Kellner bedient die Gäste).* Steht der **Vorgang** oder das Geschehen im Mittelpunkt, verwendet man oft das **Passiv** *(Die Gäste werden (vom Kellner) bedient).*
- Das Passiv wird durch eine **Form von „werden“** und das **Partizip II** (z. B. *geplant, weggeräumt)* gebildet.
- Bei der Umformung eines Aktivsatzes in einen Passivsatz wird das Akkusativobjekt des Aktivsatzes zum Subjekt des Passivsatzes.

  (Akk.-Objekt)
- **Beispiel:** *Der Nachrichtensprecher sagt* ***das Wetter*** *voraus. (Aktivsatz)*

  → ***Das Wetter*** *wird vom Nachrichtensprecher vorausgesagt. (Passivsatz)*

  (Subjekt)

1. Entscheide, welche Sätze des folgenden Textes im Aktiv und welche im Passiv stehen. Schreibe dazu entweder ein **A** oder ein **P** in die Klammer hinter dem Satz.

Donau durchbricht Dämme ( )

Die Donauländer Serbien, Rumänien und Bulgarien haben am Osterwochenende die bislang höchsten Pegelstände des zweitlängsten Flusses in Europa registriert. ( ) Tausende Rettungskräfte waren im Einsatz und Tausende Menschen auf der Flucht. ( ) Die Scheitelwelle der Donau wird erst in den nächsten Tagen in Rumänien und Bulgarien erwartet. ( ) Der Wasserdruck der Donau erreichte nach Angaben des rumänischen Umweltministeriums etwa 15 800 Kubikmeter pro Sekunde, doppelt so viel wie sonst zu dieser Jahreszeit üblich. ( ) Am Sonntag verschärfte ein Dammbruch im Süden Rumäniens die Lage der Anwohner. ( ) Im Dorf Rast wurden 3 200 Menschen und mehr als 6 000 Tiere in Sicherheit gebracht. ( ) Rund 120 Häuser stürzten ein. ( ) Bisher wurden im Süden mehr als 44 000 Hektar Land überschwemmt. ( )

(Nach einem Zeitungsbericht)

2. Unterstreiche in den folgenden Sätzen das Akkusativobjekt. Forme dann die Sätze ins Passiv um und schreibe sie in dein Heft.

- Ein maskierter Räuber überfiel gestern eine Tankstelle.
- Der Täter bedrohte einen Angestellten mit einer Schusswaffe.
- In der Nacht zum Mittwoch stemmte ein Unbekannter einen Zigarettenautomaten auf.
- Unbekannte Täter erbeuteten bei einem Einbruch in ein Computergeschäft zwölf Handys.

Eine Fahrt wird von uns geplant … wurde von uns geplant … – die Tempusformen im Passiv bestimmen

Das musst du wissen

Das Passiv wird durch eine Form des Verbs **„werden“** und das **Partizip II eines Verbs** (z. B. *vorausgesagt, geplant)* gebildet. Es kann in allen Tempusformen (= Zeitformen) stehen.

	Aktiv	Passiv
Präsens	*Ich mähe den Rasen.*	*Der Rasen wird (von mir) gemäht.*
Präteritum	*Ich mähte den Rasen.*	*Der Rasen wurde (von mir) gemäht.*
Perfekt	*Ich habe den Rasen gemäht.*	*Der Rasen ist (von mir) gemäht worden.*
Plusquamperfekt	*Ich hatte den Rasen gemäht.*	*Der Rasen war (von mir) gemäht worden.*
Futur I	*Ich werde den Rasen mähen.*	*Der Rasen wird (von mir) gemäht werden.*

1. Unterstreicht in dem folgenden Text alle Verbformen, die im Passiv stehen. Bestimmt dann die Zeitform (= Tempusform). Übernehmt dazu die Tabelle in eure Hefte und vervollständigt sie.

Verbform im Passiv	Zeitform (= Tempusform)
…	…

Klaus Störtebeker

„Claus stürz den Becher“, so wird der Name des Piraten gedeutet, der Anfang des 15. Jahrhunderts in Hamburg hingerichtet wurde und dessen Geschichte in der Folge immer weiter ausgeschmückt worden ist. Heute gilt Klaus Störtebeker als der deutsche Pirat schlechthin, obwohl man doch fast nichts über sein Leben weiß. Selbst das populäre Porträt, das ihn darstellen soll und das in unzähligen Variationen verbreitet wurde, zeigt nicht ihn, sondern einen kaiserlichen Rat, der einfach zu Störtebeker umgedeutet wurde … Mehr als über Störtebeker wissen wir über die Piraten, zu denen er gehört hat – den Vitalienbrüdern, die lange Zeit sogar in königlichen Diensten auf Kaperfahrt gingen. Gerne ist von seiner Hinrichtung erzählt worden. Er soll ausgehandelt haben, dass diejenigen von seinen Kumpanen begnadigt werden, an denen er nach seiner Enthauptung noch vorbeigehen kann. Mehrere sollen es gewesen sein.

Bahn, Bus, Boot und Co. – bekannte Wortarten

Das musst du wissen

- **Nomen/Substantive** bezeichnen Lebewesen, Gegenstände, Vorgänge und Zustände und werden immer großgeschrieben.
- **Artikel** sind **Begleiter** des Nomens/Substantivs und zeigen das Genus (= Geschlecht) an.
- Wir unterscheiden zwischen **bestimmten** (*der, die, das*) und **unbestimmten** (*ein, eine, ein*) Artikeln.
- **Verben** bezeichnen Tätigkeiten (*fahren, fliegen, erklären*).
- **Adjektive** bezeichnen die Eigenschaften eines Nomens/Substantivs (*der neue Bus, die hohe Achterbahn, das schnelle Auto*).
- **Personalpronomen** können Nomen/Substantive ersetzen (***Der Bus** fährt durch die Altstadt* → ***Er** fährt durch die Altstadt*).
- **Possessivpronomen** begleiten fast immer Nomen/Substantive und zeigen den Besitz oder die Zugehörigkeit an (*seine Katze, ihr T-Shirt*).

1. Ordne die in dem Text „Achterbahnen" markierten Wörter in die richtige Zeile der Tabelle ein. Übernimm dazu die Tabelle in dein Heft. Wörter, die zu derselben Wortart gehören, haben dieselbe Farbe.

Achterbahnen

Achterbahnen gehören zu den beliebtesten Attraktionen auf unseren Volksfesten und in den Vergnügungsparks. Es lässt sich beobachten, dass jene Fahrgeschäfte immer höher, schneller oder extremer gebaut werden. Ihre Konstrukteure gehen dabei an die Grenzen dessen, was gesunden Menschen gefahrlos zugemutet werden kann. Die höchste Achterbahn der Welt in den USA befördert zum Beispiel die Fahrgäste in kurzer Zeit auf einen 138 Meter hohen Gipfel. Von dort rasen die Wagen dann 127 Meter senkrecht in die Tiefe. Bei der schnellsten Achterbahn der Welt, sie befindet sich in Abu Dhabi, beschleunigen die Wagen sogar in Sekundenschnelle auf 240 km/h. Mit solchen Extremen kann ein Vergnügungspark in England zwar nicht mithalten. Dafür bietet er mit seiner Achterbahn zehn aufeinanderfolgende Umdrehungen. Schwindel wird garantiert. Dieser kann allerdings auch schon angesichts der Fahrpreise aufkommen, weil eine Fahrt für einen Erwachsenen zwischen 20 und 50 Euro kostet.

Nomen/Substantive:	???
Artikel:	???
Verben:	???
Adjektive:	???
Personalpronomen:	???
Possessivpronomen:	???
Demonstrativpronomen:	???
Präpositionen:	???
Adverbien:	???
Konjunktionen:	???

2. Füllt das folgende Wortarten-Rätsel aus. Die bereits eingetragenen Buchstaben helfen euch, den richtigen Platz für die gesuchten Wörter zu finden. In zwei Wörtern kommen Umlaute vor. Schreibt statt **ä** – **ae** und statt **ü** – **ue**. Streicht die Umschreibungen der gefundenen Wörter in der Liste unten durch.

E			L				■	D			T
■	■	■		■	H	■	■		■	■	
	■	■	C	■		L				■	
N						■	■	■	A		G
	■	■		■	A	■		■		■	
	■	■	E	■			O			■	T
	O			■		■		■		U	■
■		■	■	■		H		■		■	■
V	■	■				■	N		M		
	■	■		■		■	■	■	■		■
	U				■	■	■	■		I	
■	■	■	■		O	■			R		■

- Plural von „Charakter“
- Präposition + Artikel (von dem)
- Präteritum von „(er) kriecht“
- Komparativ (2. Steigerungsform) von „nah“
- Konjunktion (Er putzte seine Zähne, … er zu Abend gegessen hatte.)
- Possessivpronomen 1. Person Plural
- Plural von „Album“
- bestimmter weiblicher Artikel
- Personalpronomen 1. Person Singular
- Adverb (Das habe ich ….(mit Vergnügen) getan.)
- Possessivpronomen 1. Person Singular
- Plural von „Licht“
- Präteritum von „(sie) lügen“
- Pronomen (Personalpronomen 2. Person Plural, aber auch: Possessivpronomen 3. Person Singular und Plural)
- Nomen (Ich habe mir … (mit großem Ernst und großer Anstrengung arbeiten) gegeben.)
- Adjektiv (veraltet): Das ist … (sehr) schlimm.
- Adverb des Ortes (Usat weist auf seinen Tisch: „Mein Heft liegt …!“)
- Präteritum von „(du) trägst“
- unbestimmter Artikel
- Adjektiv (Wenn jemand die Wahrheit sagt, ist er …)
- Personalpronomen 3. Person Singular
- Nomen (hohler Gegenstand zur Durchleitung von Flüssigkeiten)
- Personalform von „nehmen“
- Personalpronomen 3. Person Singular
- Konjunktion im Sinne von „bevor“ (Ich verlasse nicht den Raum, … du nicht mit mir gesprochen hast.)
- Adverb der Art und Weise (Ich habe mich … darauf gefreut.)
- Konjunktion (Ich frage mich, … die neue Mitschülerin noch kommt.)
- Personalpronomen 2. Person Singular

Auf dem Wasser – Adjektiv und Adverb

Das musst du wissen

- **Adjektive**
  - Adjektive bezeichnen die Eigenschaften eines Nomens/Substantivs (*das schnelle Auto*). Sie antworten auf die Frage: **Wie** ist das Nomen/Substantiv? (*Wie ist das Auto? – schnell*)
  - Adjektive werden kleingeschrieben.
  - Als Begleiter (Beifügung) eines Nomens/Substantivs **verändern sich** Adjektive zusammen mit diesem Nomen/Substantiv (*Er ist ein Freund schneller Autos*).
  - Adjektive kann man steigern (*schnell – schneller – am schnellsten*).
  - Die Steigerungsstufen des Adjektivs heißen **Positiv** (*schnell*), **Komparativ** (*schneller*) und **Superlativ** (*schnellsten*).
- **Adverbien**
  - **Adverbien** erläutern einen Sachverhalt näher. Sie geben an, **wo** etwas passiert, **wann** etwas geschieht und **wie** etwas abläuft. Sie **verändern sich nicht**. Man unterscheidet:
    - **Adverbien des Ortes** (Wo? Woher? Wohin?): *dort, heimwärts, bergauf …*
    - **Adverbien der Zeit** (Wann? Wie lange?): *neulich, morgens, dann …*
    - **Adverbien der Art und Weise** (Wie? Auf welche Weise?): *leider, sehr, ziemlich …*

1. Suche zu jeder „Insel“ mit den Endsilben jeweils vier „Schiffe“, die mit ihrer Silbe und der Endsilbe der jeweiligen Insel ein Adjektiv ergeben.
Verbinde die vier Schiffe und die Insel, die zusammengehören, mit einer Linie in der Farbe der Insel.

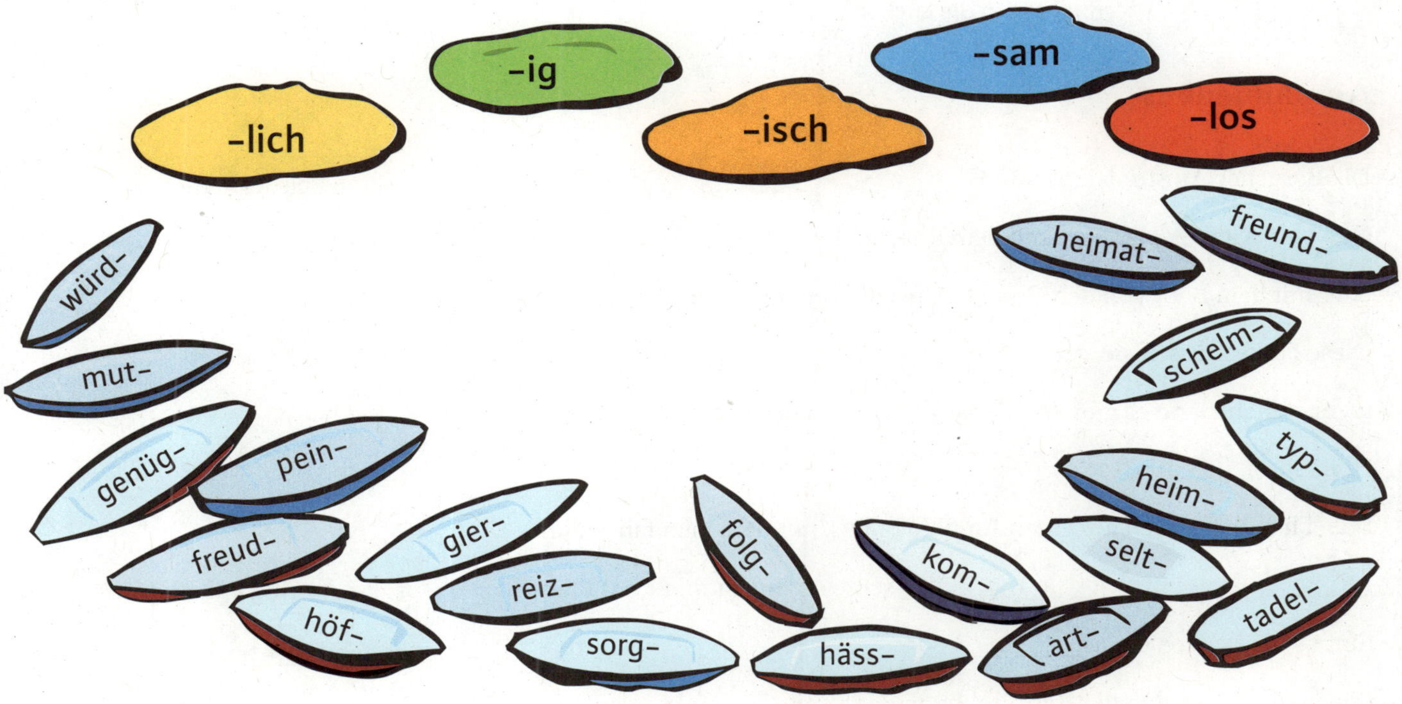

2. Ordne die Adjektive in die richtige Spalte der Tabelle ein.

-lich	-ig	-isch	-sam	-los

3. Steigere drei Adjektive deiner Wahl und formuliere Sätze nach folgendem Beispiel.
Beispiel: Lea ist höflich, Rena ist höflicher, am höflichsten aber ist Johanna.

____

____

____

____

4. Wählt aus dem Wortspeicher das Adverb aus, das am besten in den Text passt, und schreibt es in die Lücken.

Amphibienbus

Die Besucher Amsterdams hatten __________________ die Qual der Wahl – sollten sie mit dem Bus durch die schöne Altstadt fahren oder mit dem Boot von den Grachten aus die Sehenswürdigkeiten ansehen? Diese Frage müssen sie sich __________________ nicht mehr stellen, denn es gibt den „Floating Dutchman“ (schwimmenden Holländer).

Dabei handelt es sich um einen Amphibienbus, mit dem man fahren und __________________ schwimmen kann. Er hat Platz für fünfzig Passagiere, die es __________________ aufregend finden werden, wenn der Bus direkt von der Straße mit einem gewaltigen Platschen ins Wasser eintaucht. Es ist __________________ ein besonderes Vergnügen, auf diese Weise eine Stadt zu besichtigen.

kaum • bisher • gern

teilweise • leider • glücklicherweise

sogar • heftig • irgendwie

hoffentlich • teilweise • anscheinend

vielleicht • so • bestimmt

5. Schreibe den Text „Urlaub auf dem Floß“ ab und füge an den mit einem Stern (*) gekennzeichneten Stellen Adjektive oder Adverbien der Art und Weise aus dem Wortspeicher ein.

Urlaub auf dem Floß

Viele, die die Abenteuer von Tom Sawyer und Huckleberry Finn gelesen oder im Film gesehen haben, träumen * davon, einmal mit einem Floß über * Gewässer zu fahren, an * Inseln anzulegen und dort die Natur zu genießen. Manchmal können Träume * wahr werden. Auch in Deutschland kann man Flöße mit * Wohnhütte mieten und nach Lust und Laune über Seen, Kanäle und Flüsse schippern. Dazu benötigt man * nicht einmal einen Führerschein, denn der Motor hat nur fünf PS. Nach einer * Einweisung durch den Floßverleiher kann es schon losgehen. In der Hütte befinden sich vier * Schlafplätze, Wasservorräte und Rettungswesten. Für den Proviant muss man * selber sorgen, man weiß ja nicht *, ob die Fische, die man angelt, für das Abendessen ausreichen werden. Und so kann man einmal Urlaub auf eine andere Art und Weise machen. Und wer dann vom * Floßfahren, Schwimmen, Angeln, Sonnen und Ausruhen genug hat, der kann in den * Häfen der Städte an den Seen und Flüssen anlegen und * einkaufen oder einkehren.

kleinen • einsamen • zweifellos • bequeme • sicherlich • langsamen • noch • ruhige • vielleicht • gemütlicher • sicher • kurzen • natürlich

6. Bilde selber Sätze zu der Abbildung des Amphibienbusses. Die Stichworte können dabei eine Anregung sein. Füge passende Adverbien aus dem Wortspeicher zu Aufgabe 4 auf S. 50 ein und unterstreiche sie.

a) Amphibienbus – Spaß: ______________________________

____

b) Türen – dicht: ______________________________

____

c) Amphibienbus – selbst ausprobieren: ______________________________

____

Auf dem Land – die Zeitformen Präsens, Präteritum und Futur

Das musst du wissen

Mit den Tempusformen des Verbs macht man deutlich, ob ein Geschehen in der Vergangenheit, Gegenwart oder Zukunft abläuft.

- Das **Präsens** bezeichnet meistens etwas, das in der Gegenwart, in diesem Augenblick geschieht (*Jetzt fährt der Streckenwärter mit der Draisine zur Baustelle*).
  - Es kann aber auch etwas bezeichnen, das zu jeder Zeit gültig ist (*Draisinen gehören zu den Schienenfahrzeugen*).
  - Das Präsens kann auch etwas bezeichnen, das in der Zukunft liegt (*Morgen unternehmen wir einen Ausflug auf der Draisine*).
- Mit dem **Präteritum** drückt man aus, dass etwas vergangen ist (*1847 entstand in Wien ein Hilfsfahrzeug für Bahnarbeiter. Es erhielt die Bezeichnung Draisine*).
- Das **Futur** drückt aus, dass ein Geschehen in der Zukunft abläuft (*Ich werde nächste Woche mit meiner Klasse eine Draisinenfahrt unternehmen*).

1. Schreibe die Zeitform, in der die folgenden Sätze stehen, in die rechte Spalte der Tabelle.

Draisinen

1847 **entstand** in Wien ein Hilfsfahrzeug für Bahnarbeiter.	*Präteritum*
In den nächsten Jahren **werden** immer mehr Bahnstrecken **stillgelegt**.	
Als wichtiges Requisit **sieht** man die Handhebeldraisine in amerikanischen Filmen.	
Auf einigen Bahnstrecken **werden** Draisinen dann als Touristenattraktion **fahren**.	
Man **kennt** sie besonders aus amerikanischen Western.	
Familien oder Gruppen **werden** auf ihnen Ausflüge in die Natur **unternehmen**.	
Es **ähnelte** einer Maschine von Karl Drais.	
Sie **kommt** vor allem dann **vor**, wenn es um den Bau der amerikanischen Eisenbahn quer durch den Kontinent **geht**.	
Dabei **werden** sie sich auch sportlich **betätigen**.	
Deshalb **setzte** sich für alle schienengebundenen Fahrzeuge der Name Draisine **durch**.	
Auch in Stummfilmen und Zeichentrickfilmen **gibt** es Szenen mit diesem Schienenfahrzeug.	

2. Die Sätze des Textes „Draisinen“ sind durcheinandergeraten. Schreibe sie nach Zeitformen geordnet auf. Beginne mit dem Präteritum, notiere dann die Sätze im Präsens und füge zum Schluss die Sätze im Futur an.

3. Schreibe die folgenden Sätze auch in den anderen Zeitformen auf.

a) *Präsens:* Viele Gemeinden werben mit ihren Draisinenstrecken.

Präteritum:

Futur:

b) *Präsens:*

Präteritum: Zahlreiche Schulklassen fuhren mit den Draisinen.

Futur:

c) *Präsens:*

Präteritum:

Futur: Ich werde mich im Internet über Draisinenstrecken informieren.

Liegeräder – die Zeitformen Perfekt und Plusquamperfekt

Das musst du wissen

- Das **Perfekt** ist eine **Zeitform der Vergangenheit**. Das Perfekt wird häufig beim mündlichen Erzählen verwendet. Mit dieser Zeitform lässt sich aber auch ausdrücken, dass sich etwas noch vor dem im **Präsens** erzählten Geschehen ereignet hat.
  Es wird mit einer Personalform von **„haben“** oder **„sein“** im Präsens und dem Partizip II gebildet.
  Beispiel: *Zum Geburtstag **habe** ich mir ein neues Fahrrad **gewünscht**. Ich **bin** mit dem Rad sofort **losgefahren**.*
- Das **Plusquamperfekt** ist eine **Zeitform der Vergangenheit.**
  Mit dieser Zeitform wird ausgedrückt, dass sich etwas noch **vor** dem im Präteritum erzählten Geschehen ereignet hat.
  Es wird mit einer Personalform von **„haben“** und **„sein“** im Präteritum und dem Partizip II gebildet.
  Beispiel: *Renata **hatte** ein Rad **gesehen**, das man im Liegen fahren konnte. Nachdem sie mit ihm **gefahren war**, reagierte sie ganz begeistert.*

1. Ergänze die Lücken mit Verben, die im Perfekt stehen.

Liegerad

Renata _hat_ sich zum Geburtstag ein neues Fahrrad _gewünscht_. Im Fahrradgeschäft erzählt sie dem Verkäufer und ihren erstaunten Eltern: „Kürzlich ______ ich ein Fahrrad ______ (sehen), das man im Liegen fahren kann. Der Fahrer ______ auf einer Art Liege ______ (liegen) und mit Griffen an der Fahrradseite ______ (steuern)!“ Der Verkäufer antwortet: „Liegeräder ______ wir nicht ______ (einkaufen). Sie ______ sich nur bei wenigen Käufern ______ (durchsetzen), weil sie sehr teuer sind.“ „______ du denn schon mal auf so einem Rad ______ (fahren)?“, fragt der Vater. „Das stelle ich mir gar nicht so einfach vor.“ Und die Mutter fügt hinzu: „Ich ______ (hören), dass diese Räder im Verkehr schlecht zu erkennen sind. Deshalb ______ viele sich auch eine Fahne an den Gepäckträger ______ (stecken). Bleib lieber bei einem normalen Fahrrad.“ „Ja, vielleicht“, gibt Renata zu, „ich ______ auch nur auf den Gedanken ______ (kommen), weil es so bequem aussieht. Aber trampeln muss man ja auch bei einem Liegerad.“

2. Unterstreiche in dem folgenden Text alle Verben, die im Plusquamperfekt stehen.

Hochleistungsroller (Segways)

Die Nachfrage nach Stadtführungen war spürbar zurückgegangen, deshalb machte sich die Vorsitzende des Touristenverbandes einer Stadt in Nordrhein-Westfalen Gedanken, wie sie neue, attraktive Angebote anbieten könnte. Im Internet hatte sie bereits gesehen, dass einige Städte Stadtführungen mit Segways, das sind Hochleistungsroller, anboten. Als sie Sponsoren gefunden hatte, die die ersten Fahrzeuge finanzierten, setzte sie ihre Pläne in die Tat um. Obwohl sich einige Stadtführer zunächst gesträubt hatten, Stadtführungen mit Rollern durchzuführen, setzte sich das Angebot schnell durch. Und als sich die Möglichkeit herumgesprochen hatte, meldeten sich auch vermehrt Jugendgruppen für Stadtführungen an. Selbst der Bürgermeister sagte: „Die Einführung der Segways war eine tolle Idee gewesen."

3. Entscheidet, ob die Verben im Perfekt oder Plusquamperfekt stehen müssen. Schreibt die richtige Zeitform in die Lücken.

Nach einer Segway-Stadtführung

- Nachdem die Jugendgruppe an einer Segway-Führung teilgenommen hatte (teilnehmen), trafen sich alle Jugendlichen in einem Café. **Zeitform:** Plusquamperfekt
- Die Führung __________ länger als geplant __________ (dauern), doch jetzt waren alle sehr zufrieden. **Zeitform:**
- Maximilian: „Erst __________ ich einige Probleme mit dem Bremsen __________ (haben), zum Glück __________ ich niemanden __________ (anfahren)." **Zeitform:**
- Lisa: „Ich __________ gerade zum ersten Mal mit so einem Roller __________ (fahren), aber es __________ gut __________ (klappen)." **Zeitform:**
- Usat: „Ich __________ ganz schön schnell __________ (sein), das fand der Stadtführer nicht ganz so gut. Aber es __________ einfach Spaß __________ (machen)." **Zeitform:**

In der Luft – Modalverben

Das musst du wissen

Die **Modalverben** sind **wollen, dürfen, mögen, können, sollen** und **müssen**.

- Sie können als **Vollverben** benutzt werden.
  Beispiele: *Ich kann es. Wir dürfen das aber.*
- Häufig stehen sie aber als **Hilfsverb bei einem anderen Verb**, um eine Notwendigkeit, eine Erlaubnis oder eine Möglichkeit auszudrücken.
  Beispiele: *Ich muss noch arbeiten.* (Notwendigkeit)
  Wir dürfen den Film noch sehen. (Erlaubnis)
  Er kann Musik hören oder ein Buch lesen. (Möglichkeit)

1. Markiere die Modalverben in dem Text „Seilbahnen“.

Seilbahnen

Für Menschen, die selbst nicht auf Berge steigen wollen oder können, gibt es häufig Seilbahnen, die sie in wenigen Minuten auf die schönsten Berggipfel befördern. Bei der Fahrt dürfen die Passagiere dann fantastische Aussichten bewundern. Bei der Seilbahn, die auf den Tafelberg in Kapstadt führt, sollen die Fahrgäste die Aussicht rundum genießen, deshalb dreht sich die Gondel während der Fahrt einmal um 360 Grad. Bei der Fahrt müssen 700 Höhenmeter überwunden werden. Für Menschen, die es nicht mögen, so tief nach unten zu schauen, ist dieses Fahrvergnügen weniger geeignet.

2. Ergänzt die Satzanfänge und benutzt dabei Modalverben.

- Für welche Personengruppe gibt es Seilbahnen? *Seilbahnen gibt es für Menschen, die* ______________________
- Welches Erlebnis haben die Passagiere während der Fahrt? *Während der Fahrt* ______________________
- Welche Besonderheit bietet die Seilbahn, die auf den Tafelberg führt, ihren Fahrgästen? *Die Fahrgäste* ______________________
- Wie viele Höhenmeter überwindet die Seilbahn in Kapstadt? *Bei der Fahrt* ______________________
- Für welche Personengruppe ist die Fahrt weniger geeignet? *Weniger geeignet ist das Fahrvergnügen für Menschen,* ______________________

Teste dich selbst! – Wortarten

(zu erreichende Punkte / eigene Punkte)

1. Ordne die Wörter des folgenden Textes in die Tabelle ein. Schreibe nur die Nomen/Substantive groß. Übernimm dazu die Tabelle in dein Heft und vervollständige sie.

Nomen/Substantive:	???
Artikel:	???
Verben:	???
Adjektive:	???
Personalpronomen:	???
Possessivpronomen:	???
Demonstrativpronomen:	???
Präposition:	???
Adverbien:	???
Konjunktionen:	???

„Vogelflug“

In der griechischen Sagenwelt bauten ein Vater und sein Sohn aus Wachs und Federn Vogelflügel nach. Mit diesen gelang die Flucht von ihrer Insel. Leider vergaß der Sohn die Regeln seines Vaters. Er stürzte ab und ertrank im Meer. Jene Sage fällt den Besuchern vielleicht ein, wenn sie die Attraktion eines Freizeitparks im Sauerland betrachten. An Gurten befestigt, gleiten die Personen in schnellem Tempo einen steilen Berghang hinab.

65 / ____

2. Schreibe alle fehlenden Zeitformen in die linke Spalte. Setze danach den angegebenen Satz in die übrigen Zeitformen.

Präsens:	*Der Junge fährt mit der Achterbahn.*

8 / ____
8 / ____

3. Füge alle Modalverben an passenden Stellen in die Lücken des Textes ein.

Die Klasse 8c ________________ einen Ausflug machen. Die Schüler ________________ aber nicht wieder mit der Bahn fahren. „Im letzten Jahr ________________ wir eine Stunde auf den Zug warten. ________________ wir in diesem Jahr vielleicht einmal mit dem Bus fahren?“, bittet Anke. „Wir ________________ aber die preiswerteste Möglichkeit wählen, dann ________________ wir mehr Geld in der Stadt ausgeben“, gibt Florian zu bedenken.

12 / ____

mögliche Punkte: 93 / erreichte Punkte: ____

Weißt du noch ...? – Subjekt, Prädikat, Objekt und adverbiale Bestimmung

Das musst du wissen

- **Satzglieder** sind die **Bausteine eines Satzes**. Du kannst sie erkennen, indem du die **Umstellprobe** machst: Die Wörter, die bei der Umstellprobe zusammenbleiben, sind Satzglieder.
- Im Satz spielen Satzglieder bestimmte Rollen und antworten auf ganz bestimmte Satzgliedfragen:

Subjekt (S)	Prädikat (P)	Objekt (DO/AO)	adverbiale Bestimmung (AB)
Wer?/Was?	Was tut? Was geschieht? Was ist?	**Dativ:** Wem? (DO) **Akkusativ:** Wen?/ Was? (AO)	**Zeit:** Wann? **Ort:** Wo? **Grund:** Warum? **Art und Weise:** Wie? **Mittel:** Womit?

1. Kennzeichne die Satzglieder in den folgenden Sätzen wie in dem Beispielsatz. Mach die Umstellprobe, wenn du dir unsicher bist.

Beispiel: (Livia)(geht)(morgen)(ins Schwimmbad).

- Mein Freund Raslan besucht mich heute Abend.
- Paula und Sara gehen übermorgen ins Kino.
- Susanna schreibt heute Morgen ihrer besten Freundin einen langen Brief.
- Alex und Mario wollen in den Ferien ein Fußballcamp besuchen.
- Sven trifft nächste Woche in Paderborn seinen fünfzigjährigen Onkel.

2. Bestimmt die einzelnen Satzglieder wie im folgenden Beispiel. Bezeichnet sie dazu mit der Abkürzung aus der Klammer in der Lernbox oben.

Beispiel: (Jakob)[S] (muss)[P] (heute)[AB] (den Rasen)[AO] (mähen)[P].

Wo? Wann? Warum? Wie? Womit? … – Die adverbiale Bestimmung

Das musst du wissen

- Die adverbiale Bestimmung ist ein Satzglied, das die **näheren Umstände** (z. B. einer Handlung) wiedergibt.
- Man unterscheidet adverbiale Bestimmungen der **Zeit** *(Wann?)*, des **Ortes und der Richtung** *(Wo? Wohin?)*, der **Art und Weise** *(Wie?)*, des **Grundes** *(Warum?)* und des **Mittels** *(Womit? Mit welchem Mittel?)*.

1. Unterstreicht in den folgenden Sätzen die adverbialen Bestimmungen. Bestimmt dann, um was für eine adverbiale Bestimmung es sich handelt.
Tipp: In einigen Sätzen findet ihr zwei adverbiale Bestimmungen.
Beispiel: Paul geht zum Sportplatz. *(adv. Best. des Ortes)*

- Er trifft sich dort mit seiner Mannschaft. ______
- Heute Nachmittag findet ein Freundschaftsspiel statt. ______
- Wegen des Beginns der Saison nehmen alle das Spiel besonders ernst. ______
- Pauls Team verteidigt die erste Halbzeit erfolgreich ein Unentschieden. ______
- Paul fühlt sich aber nicht besonders fit. ______
- Nur selten kommt er in den Strafraum der anderen Mannschaft. ______
- Kurz vor Spielende gelingt Paul mit seinem starken linken Fuß doch noch sein erster Torschuss. ______
- Der Ball geht aber knapp über das Tor. ______

2. Schreibe die adverbialen Bestimmungen aus den Sätzen von Aufgabe 1 von S. 58 in dein Heft und bestimme, um welche Art von adverbialer Bestimmung es sich jeweils handelt.
Beispiel: morgen = adv. Best. der Zeit

Weil es regnete ... – Adverbialsätze

Das musst du wissen

- **Adverbiale Bestimmungen** können sowohl die **Form** einfacher Satzglieder (*Wegen des Regens fällt das Spiel aus/Er läuft schnell)* als auch die Form von **Neben-/Gliedsätzen** haben *(Weil es regnet, fällt das Spiel aus)*.
- Neben-/Gliedsätze, die die Rolle von adverbialen Bestimmungen im Satz übernehmen, heißen **Adverbialsätze**. Sie werden mit **unterordnenden Konjunktionen** *(als, da, damit, weil, während, nachdem, dadurch, dass …)* eingeleitet.

Die folgende Auflistung zeigt, welche unterschiedlichen Adverbialsätze es gibt:

Bezeichnung	Aussage über …	Konjunktionen
Temporalsatz	Zeitpunkt, Dauer	*als; nachdem; bevor; während; sobald …*
Kausalsatz	Begründung, Grund	*weil; da …*
Konditionalsatz	Bedingung	*wenn; falls; sofern …*
Konsekutivsatz	Folge	*sodass; dass; so …, dass …*
Konzessivsatz	Grund, der nicht zählt (Einräumung)	*obwohl; obgleich …*
Modalsatz	Art und Weise	*indem; dadurch, dass; wie …*
Lokalsatz	Ort, Richtung	*wo; wohin …*
Finalsatz	Absicht, Zweck	*damit; dass; auf dass …*

1. Arbeite so mit den folgenden Satzgefügen:
- Unterstreiche die Hauptsätze.
- Kennzeichne die Adverbialsätze mit einer Wellenlinie und kreise die Konjunktionen ein.
- Setze die fehlenden Kommas.
- Bestimme mithilfe der Auflistung oben die Art des Adverbialsatzes und schreibe seine Bezeichnung unter die Satzgefüge.

a) Wenn Schalke 04 gegen Borussia Dortmund spielt sind die Zufahrtsstraßen bereits Stunden vorher verstopft.

Bezeichnung des Adverbialsatz: ______________________________

b) Dieser Ruhrgebietsschlager elektrisiert die Massen Jahr für Jahr so sehr dass die Verkehrspolizei alle Hände voll zu tun hat.

____

c) Dort wo die Hauptverkehrsadern aufeinandertreffen kommt es zu langen Staus.

____

d) Bevor das Spiel überhaupt begonnen hat feiern die Fangruppen ausgelassen auf den Bahnhöfen und vor dem Stadion.

e) Auch dort befinden sich Ordnungshüter und Mitglieder aus den Fanprojekten damit es nicht zu Auseinandersetzungen kommt.

f) Im Stadion wird dieses dadurch verhindert dass den Vereinen unterschiedliche Blocks zugewiesen werden.

g) Bevor das Spiel beginnt stimmen sich die Zuschauer durch lautstarke Gesänge ein.

h) Der Lärm wird beinahe unerträglich sobald die Heimmannschaft den Rasen betritt.

i) Da im Dortmunder Stadion eine Laufbahn fehlt kann der Zuschauer das Geschehen besonders hautnah miterleben.

j) Auf der Südtribüne wo sich die treuesten Fans einfinden geht es besonders turbulent zu.

k) Das Stadion ist bei diesem Spiel fast immer ausverkauft obwohl die Eintrittspreise nicht gerade gering sind.

l) Einige Fanklubs haben bereits Protest angekündigt falls sich daran nichts ändert.

m) Schließlich erzielen die Vereine hohe Gewinne indem sie sich zum Beispiel einem Werbepartner anschließen. ______________________________

n) Andererseits sind sie jedoch auch auf Einnahmen angewiesen da die Spielergehälter in den letzten Jahren enorm gestiegen sind. ______________________________

2. Formuliert die unterstrichene adverbiale Bestimmung in einen Adverbialsatz um. Benutzt dabei die Konjunktionen in der Übersicht auf S. 60 oben.

Beispiel: Beim Schlusspfiff jubelte die Heimmannschaft.
→ *Als der Schlusspfiff ertönte,* jubelte die Heimmannschaft.

- Trotz des Regens findet der Waldlauf statt. ______________________________
- Beim Startschuss stürmen alle sofort los. ______________________________
- Piet kann wegen einer Verletzung nicht die gewohnte Leistung zeigen.
  ____
- Aus Freude über den Sieg macht Lars einen Luftsprung.
  ____
- Trotz einer leichten Erkältung läuft Paul die ganze Strecke.
  ____

3. Der folgende Zeitungsbericht besteht nur aus Hauptsätzen. Wo könnte man sinnvoll mit Neben-/Gliedsätzen arbeiten? Verbessere den Bericht, indem du die Satzreihen zu Satzgefügen mit Neben-/Gliedsätzen umformulierst.

Messer verschluckt – und überlebt!

Eine neun Monate alte Hundedame stahl ihrem Herrchen ein Stück Kuchen. Darin steckte noch das Küchenmesser. Sie verschlang den Kuchen mitsamt dem Messer und überlebte. Der Hundebesitzer brachte das Tier sofort in die Klinik. Das Messer hatte eine beachtliche Größe. Das Tier überstand die Operation jedoch gut. Es hatte das Messer mit dem Griff zuerst verschluckt. Deshalb erlitt es keine schwerwiegenden Schnittverletzungen. Die Hundedame geht bereits wieder mit ihrem Herrchen im Park spazieren. Kuchen ist noch immer ihre Leibspeise. Der Hundebesitzer ist jedoch vorsichtig geworden. Er kauft nur noch Hundekuchen in kleinen Portionen.

Dass es regnet ... Ich meine, dass ... – Subjekt- und Objektsätze

Das musst du wissen

- Subjekt- und Objektsätze werden mit der **Konjunktion „dass“** eingeleitet.
- Sie übernehmen die **Aufgabe des Subjekts** oder **Objekts**. Man erfragt sie mit den **Satzgliedfragen** *Wer oder was?* (Subjektsatz) oder *Wen oder was?* (Objektsatz).

Beispiele:

Subjekt
Der Regen stört mich nicht.
→ *Dass es regnet, stört mich nicht.*
Subjektsatz

Akkusativobjekt
Der Trainer sieht die Fortschritte seiner Spieler.
→ *Der Trainer sieht, dass seine Spieler Fortschritte machen.*
Objektsatz

1. Arbeitet so mit den folgenden Satzgefügen:

- Kennzeichnet den Neben-/Gliedsatz mit einer Wellenlinie.
- Kreist die Konjunktion ein und setzt die fehlenden Kommas.
- Schreibt darunter, ob es sich bei dem Neben-/Gliedsatz jeweils um einen Subjekt- oder Objektsatz handelt.

a) Dass du krank bist beunruhigt mich.

____

b) Der Trainer wies ausdrücklich darauf hin dass du fleißig trainiert hast.

____

c) Ich mag es nicht dass du unfreundlich zu mir bist.

____

d) Es stört mich dass du so laut bist.

____

e) Saime hat mir erlaubt dass ich seinen Computer benutze.

____

f) Dass du mir geschrieben hast freut mich ganz besonders.

____

g) Ich denke dass ich gut über die Subjekt- und Objektsätze Bescheid weiß.

2. Bilde aus den folgenden Sätzen Satzgefüge. Formuliere dazu die unterstrichenen Subjekte und Objekte jeweils in einen Subjekt- oder Objektsatz um. Vergiss nicht, die Kommas zu setzen.
Beispiel: Alex freut sich über die gute Note von Jana.
→ Alex freut sich, *dass Jana eine gute Note bekommen hat*. (Objektsatz)

- An den Aufstieg meines Heimatvereins glaube ich nicht mehr.

- Ich erlaube dir den Besuch des Rockkonzerts.

- Über dein Buchgeschenk freue ich mich.

- Deine schnelle Rückkehr überrascht mich.

- Keinem Menschen darf die Zerstörung der Umwelt egal sein.

Kein Satzteil, sondern ein Satzgliedteil – das Attribut

Das musst du wissen

- Attribute sind **keine Satzglieder**, sondern Satzgliedteile. Sie kennzeichnen ein Bezugswort genauer. Attribute sind keine eigenständigen Satzglieder, weil sie nur zusammen mit ihrem Bezugswort umgestellt werden können.
- Man unterscheidet folgende Formen von Attributen:
  - **Adjektivattribut** *(Marie hat blondes Haar.)*
  - **Genitivattribut** *(Der Spieler der Heimmannschaft verletzte sich.)*
  - **Präpositionalattribut** *(Das T-Shirt mit den Aufdrucken gefällt mir.)*
  - **Apposition** *(Paul, mein bester Freund, besucht mich heute.)*

1. Kennzeichne im folgenden Text die Attribute, indem du sie einklammerst. Schreibe dann ihre Form darüber. Verwende dabei folgende Abkürzungen:

Adj. = Adjektivattribut	Gen. = Genitivattribut
Präp. = Präpositionalattribut	App. = Apposition

Drei Pkws demoliert

Ein Begrenzungsstein und Alkohol im Blut haben in Minden einen volltrunkenen Autofahrer um den Führerschein gebracht. Zurück blieben auch drei demolierte Autos. Nach Angaben der Polizei hatte der Betrunkene, ein 42-jähriger Familienvater, zunächst selber versucht, nach der ausgiebigen Zecherei mit seinem teuren Wagen nach Hause zu fahren. Bereits nach wenigen Metern fuhr er gegen ein Schild an der Straße. Deshalb überließ er seinem ebenfalls angetrunkenen Begleiter, einem Arbeitskollegen, das Steuer. Dieser knallte beim Zurücksetzen mit dem Luxusfahrzeug seines Freundes in zwei hinter ihm parkende Autos. Bei den beteiligten Fahrzeugen entstand ein erheblicher Schaden.

2. Die Präposition kann dazu führen, dass man Attribut und adverbiale Bestimmung verwechselt. Unterstreicht mit zwei unterschiedlichen Farben in dem Text auf S. 65 die **Präpositionalattribute** und die **adverbialen Bestimmungen**, in denen eine Präposition vorkommt.

3. Verbessere den folgenden Zeitungsbericht, indem du mithilfe von Attributen die Nomen/Substantive genauer kennzeichnest. Schreibe den überarbeiteten Bericht in dein Heft. Verwende die Attribute in dem Wortspeicher.

mit der Tagesbeute ● unterschiedlichsten ● unfreiwillige ● informierte ● des Ganoven ● zahlreiche ● schwere ● gefundene ● in der Bahnhofshalle ● der plötzlich seinen Verlust entdeckte

Dieb überführt sich selbst

In K. machte ein Taschendieb gleich zwei ↓ Fehler. Zuerst vergaß er seine Brieftasche ↓ im Zug. Dann lieferte sich der ↓ Pechvogel der Polizei aus.
Ein Zugbegleiter hatte die ↓ Brieftasche ↓ geöffnet und ↓ Ausweise und Kreditkarten der ↓ Inhaber entdeckt. Als der Dieb ↓ die Brieftasche beim Fundbüro ↓ abholen wollte, wartete dort bereits die ↓ Bahnpolizei.

4. Manchmal werden adverbiale Bestimmungen und Adjektivattribute verwechselt:

- Ein **Attribut** kennzeichnet ein **Nomen/Substantiv genauer** (z. B.: *die schöne Stimme* (*Adjektivattribut*)).
- Eine **adverbiale Bestimmung** kennzeichnet die **Umstände eines Geschehens genauer** (z. B.: *Die Stimme ist schön* (*adv. Best. der Art und Weise*)).

Unterstreicht bei den folgenden Sätzen die Adjektivattribute und kreist die adverbialen Bestimmungen ein.

a) Jan spielt ausgezeichnet bei seinem neuen Verein.

b) Till ist ein sehr guter Mittelstürmer.

c) Maria spielt gut Fußball.

d) Der beste Sportler unserer Klasse ist ein vorzüglicher Turner.

e) Der neue Trainer hat die Mannschaft taktisch hervorragend eingestellt.

f) Am Ende gewinnt oft die glücklichere Mannschaft.

Die Saison, die sehr lang war, geht zu Ende – Relativ-/Attributsätze

Das musst du wissen

- Wenn ein **Attribut** die **Form eines Neben-/Gliedsatzes** hat, nennt man diesen **Relativ- oder Attributsatz**. Ein **Relativ-/Attributsatz** bestimmt ein Nomen/Substantiv aus dem Hauptsatz näher. Er wird durch **Kommas** vom Hauptsatz abgetrennt.
- Relativ-/Attributsätze werden durch ein **Relativpronomen** *(der, die, das/welcher, welche, welches)* eingeleitet. Das Relativpronomen bezieht sich auf das Nomen/Substantiv im Hauptsatz.

Relativpronomen
Beispiel: *Der Dackel, der unserem Nachbarn gehört, ist sehr zutraulich.*
Bezugsnomen Relativ-/Attributsatz

1. Markiere in dem folgenden Text die Relativsätze mit einer Wellenlinie. Kreise die Relativpronomen ein und setze die fehlenden Kommas. Es sind neun.

Missverständnis

Sheriff Brown der ein alter Haudegen ist schickt seinem Kollegen in Virginia City einige Fotos von einem Mann der an einem Banküberfall beteiligt war. Ein Bild zeigt den Mann der grimmig aussieht im Profil. Ein anderes Bild zeigt ihn von vorn, ein drittes mit und ein viertes ohne Hut. Zwei Wochen später schickt der Kollege der sehr gewissenhaft ist ein Telegramm aus Virginia City: „Drei von den Männern die du suchst habe ich bereits verhaftet. Dem vierten bin ich auf der Spur."

2. Bilde aus den folgenden Satzpaaren Satzgefüge mit einem Relativ-/Attributsatz.
- Unterstreiche anschließend den Hauptsatz.
- Kennzeichne den Relativ-/Attributsatz mit einer Wellenlinie.
- Kreise das Relativpronomen ein.

Beispiel: Das Haus wird renoviert. Es liegt am Ende der Straße.
Das Haus, das am Ende der Straße liegt, wird renoviert.

a) Andreas Fahrrad wurde heute vor dem Schwimmbad gestohlen. Es besitzt eine auffällig rote Lackierung.

____

____

b) Ein ca. dreißigjähriger Mann wurde damit gesehen. Er trug eine Jeansjacke und Markenturnschuhe.

____

____

c) Er verschwand hinter einem Mehrfamilienhaus. Das Mehrfamilienhaus befindet sich in der Südallee.

____

____

d) Eine Polizeistreife fand das Fahrrad in einem Gebüsch. Die Streife war gerade von einem Einsatz zurückgekehrt.

____

____

e) Andrea kann das Fahrrad bei der Dienststelle der Polizei abholen. Es war registriert.

____

____

3. Überarbeite den folgenden Auszug einer Reportage. Forme einzelne Satzreihen dazu in Satzgefüge um. Verwende dabei vor allem Relativ-/Attributsätze. Schreibe auch eine Fortsetzung der Reportage.

15-Minuten-Pause auf dem Schulhof

Es klingelt. Hunderte von Schülerinnen und Schülern zwängen sich durch die Flügeltür des Gebäudes. Einige halten Saftflaschen in der Hand. Sie haben sie in der Pause zuvor in der Cafeteria gekauft. Auf dem Schulhof bilden sich kleine Gruppen von Schülerinnen und Schülern. Sie unterhalten sich, gestikulieren. Andere spielen mit Tennisbällen Fußball. Sie haben sie bei der SV ausgeliehen.

Eine Lehrerin unterhält sich angeregt mit einer Gruppe jüngerer Schülerinnen. Wahrscheinlich möchten diese die Aufgaben der Mathematikarbeit erfahren. Diese wird in der nächsten Stunde geschrieben. „Ich habe den ganzen Nachmittag gelernt“, ist die Stimme eines kleinen Jungen zu vernehmen. Vor Aufregung hat er ganz rote Wangen und hüpft von einem Bein auf das andere. Die Lehrerin legt ihm die Hand auf die Schulter. Sie möchte ihn beruhigen …

Vorfeld, Satzklammer, Mittelfeld ... – Sätze nach Feldern gliedern

Das musst du wissen

- Ein **Satz** lässt sich auch in **Felder einteilen**. Dabei steht das **Prädikat** im Mittelpunkt. Es hält den Satz **wie eine Klammer** zusammen.
- Die **Personalform des Verbs** besetzt immer das Feld der **linken Satzklammer**. Wenn das Prädikat nur einteilig ist, wird die rechte Satzklammer nicht besetzt (z. B. *Ein Gorilla namens Koko* [*spricht*] *mit Menschen*). Besteht das **Prädikat aus zwei Teilen**, stehen diese getrennt voneinander in der **linken und rechten Satzklammer** (*Koko* [*hat*] *viele Wörter* [*gelernt*]).
- Die Teile eines Satzes, die vor der linken Satzklammer stehen, bilden das **Vorfeld**. Das Vorfeld besteht meistens aus nur einem Satzglied ([*Seit Jahren*] *ist Koko ein Internetstar*).
- Was zwischen linker und rechter Satzklammer steht, besetzt das **Mittelfeld** (*Koko wurde* [*von ihrer Betreuerin*] *unterrichtet*).
- Die Satzteile, die hinter der rechten Satzklammer stehen, bilden das **Nachfeld** (*Koko ist so berühmt geworden,* [*weil sie sich mit Menschen unterhalten kann*]).

Vorfeld	linke Satzklammer	Mittelfeld	rechte Satzklammer	Nachfeld
Koko	ist	ein Gorillaweibchen.		

1. Übernimm die Tabelle oben in dein Heft. Trage folgende Sätze in die Tabelle ein:
- Koko ist ein Gorillaweibchen.
- Koko beherrscht den Gebrauch der Zeichensprache.
- Über tausend Worte hat Koko so gelernt.
- 1972 hat die Penny Patterson Koko entdeckt.
- Sie trainierte Kokos Sprachtalent.
- Koko ist der außergewöhnlichste Gorilla der Welt.

Koko

2. Ergänzt die Sätze mit folgenden Satzgliedern und setzt sie wieder in die Tabelle ein. Findet jeweils zwei Möglichkeiten, die Sätze nach Feldern zu gliedern:
- zur Überraschung vieler Menschen
- seit ihrer Jugend / wie ein Mensch
- von ihrer Betreuerin / im Laufe ihres Lebens
- in einem amerikanischen Zoo / zufällig
- jeden Tag / stundenlang
- sicher / für viele Menschen

3. Unterstreicht in den Satzgefügen jeweils den Hauptsatz und unterschlängelt den Neben-/Gliedsatz.
- Im Internet zeigen viele Videos, wie Koko sich mit Menschen unterhält.
- Weil ihr die entsprechenden körperlichen Voraussetzungen fehlen, kann Koko nicht richtig wie ein Mensch sprechen.
- Vor Koko glaubten Wissenschaftler nicht, dass sich Menschen mit Affen verständigen könnten.
- Koko kann Gefühle wie Trauer und Liebe ausdrücken, obwohl sie ein Affe ist.

4. Setzt die Satzgefüge von Aufgabe 3 in die Tabelle ein. Stellt die Satzgefüge dabei so um, dass der Neben-/Gliedsatz einmal das Vorfeld und einmal das Nachfeld besetzt.

5. Bildet aus den folgenden Satzpaaren Satzgefüge mit einem Relativ-/Attributsatz. Unterstreicht den Relativ-/Attributsatz.

Im Jahr 2016 zeigte der englische Sender BBC eine Dokumentation über Koko. Für die Dokumentation wurden über 2000 Stunden Videomaterial verwendet.

____

____

Koko besaß sogar ein eigenes Kätzchen als Haustier. Das Kätzchen liebte Koko sehr.

____

____

Koko hat kein Baby geboren. Ein Baby hat sich Koko sehr gewünscht.

____

____

Ein Roman von Michael Crichton handelt von einem sprechenden Menschenaffen. Der Roman war sehr erfolgreich. Koko war das Vorbild für diesen sprechenden Menschenaffen.

____

____

6. Gliedere die Satzgefüge von Aufgabe 5 in Felder. Setze sie dazu in die Tabelle von Aufgabe 1 ein.

7. Ergänzt in dem folgenden Kasten die Begriffe „Neben-/Gliedsätze“ und „Relativ-/Attributsätze“. Begründet eure Entscheidung mit Beispielen aus Aufgabe 4 und 6.

______________________________ können das **Vor- und Nachfeld** eines Satzes besetzen.

______________________________ können im **Vor- und Mittelfeld** eines Satzes vorkommen.

Teste dich selbst! – Einfache Satzglieder und Neben-/Gliedsätze

(zu erreichende Punkte / eigene Punkte)

1. Unterstreiche in dem folgenden Zeitungsbericht alle adverbialen Bestimmungen und bestimme die Art der jeweiligen adverbialen Bestimmung.
Benutze dazu folgende Abkürzungen und schreibe sie über die adverbialen Bestimmungen:

Ort u. Richtung: **O** Zeit: **Z** Grund: **G** Art u. Weise: **AuW** Mittel: **M**

Schwanenfamilie erkämpft Tempo 30

Eine kriegerische Schwanenfamilie hat sich in der vergangenen Woche ein Tempolimit hart erkämpft. Die Jungen vergnügten sich jeden Morgen auf einer belebten Straße. Versuche der Autofahrer, die Schwanenkinder durch Hupen oder Wegscheuchen zu vertreiben, blieben erfolglos. Die Eltern hätten ihren Nachwuchs mutig und verbissen verteidigt, so berichtete die Polizei. Dabei hätten sie von beiden Straßenseiten aus Autos und Motorräder angegriffen. Die Polizei richtete vorübergehend eine Tempo-30-Zone ein. So ist für die Sicherheit gesorgt.

9 / ____

2. Kennzeichne den Adverbialsatz mit einer Wellenlinie und kreise die Konjunktion ein. Schreibe die Bezeichnung für den jeweiligen Adverbialsatz darunter. Setze auch die fehlenden Kommas.

- Rebecca nimmt nicht an den Proben für das Musical teil weil sie krank geworden ist.

  ____

- Obwohl das Bühnenbild bereits fast fertiggestellt ist gibt es noch wegen der vielen Änderungswünsche der Schauspieler jede Menge Arbeit.

  ____

- Alle Schüler erhalten als sie nach der Aufführung vor den Vorhang treten vom Publikum viel Applaus.

  ____

10 / ____

3. Unterstreiche die Attribute in dem folgenden Satz:

Der selbstsichere Micha war während der vorherigen Proben der Theater-AG nie nervös. Bei der

4 / ____ Aufführung vor einem richtigen Publikum hatte aber auch er Lampenfieber.

4. Schreibe die Bezeichnung der Neben-/Gliedsätze in den folgenden Satzgefügen auf. Kennzeichne die Neben-/Gliedsätze mit einer Wellenlinie und kreise die Konjunktion ein.

Wie erzeugt die menschliche Stimme Töne?

- Die Musikinstrumente, die die Menschen sich seit frühester Urzeit bis heute bauen, konnten und können Töne von erstaunlicher Reichweite und Verschiedenheit hervorbringen.
  ____
  ____
- Allerdings sollte nicht vergessen werden, dass die menschliche Stimme immer noch das ausdrucksvollste Instrument ist. ______________________________
- Doch wie bringt sie Töne, die so unterschiedlich sind, hervor?
  ____
- Schallwellen werden erzeugt, wenn Luft die Stimmbänder passiert.
  ____
- Das sind die beiden gummiweichen Bänder in der Stimmritze im Kehlkopf, die „Glottis" genannt wird. ______________________________
- Muskeln verbinden die Stimmbänder und können sie dehnen und zusammenziehen, sodass unterschiedliche Tonhöhen entstehen. ______________________________
- Kein anderes Instrument kann auch nur annähernd so viele Töne erzeugen, wie es die menschliche Stimme vermag. ______________________________

14 / ____

mögliche Punkte: 37 / erreichte Punkte: ____

Ableiten, verlängern, deutlich sprechen ... – einfache Verfahren anwenden

Das musst du wissen

In vielen Fällen kannst du **einfache Verfahren** anwenden, um die richtige Schreibweise eines Wortes herauszufinden. Du kannst z. B.

1. **deutlich sprechen** und **genau hinhören**,
2. die richtige Schreibweise durch **Verlängern** oder mithilfe von **verwandten Wörtern** des Wortes ableiten *(Ernährung – Nahrung, sie gibt – geben),*
3. **Wortarten** unterscheiden,
4. auf die **Bedeutung** von Wörtern und Silben achten *(wieder – wider, man – der Mann),*
5. **Merksätze** anwenden wie:
   - „Wer **nämlich** mit **h** schreibt, ist nicht ..., hat aber einen Fehler gemacht."
   - „**Gar nicht** und **überhaupt nicht** werden gar nicht und überhaupt nicht zusammengeschrieben."
   - „Kannst du *dieses, welches, jenes* einsetzen, wird **das** mit einfachem **s** geschrieben."

1. Präge dir die folgenden Wörter ein. Schreibe sie getrennt nach Sprechsilben auf. Sprich sie dazu deutlich aus und höre genau hin.

Ansichtssache • verrutschen • Voraussetzung • Berufsaussichten • alarmieren • losschlagen • Entlastung • Hintergedanke • Angelegenheit • Verlängerungskabel

2. Finde zu den folgenden Wörtern verwandte Wörter, mit denen du ihre Schreibweise ableiten kannst.
Beispiel: städtisch – die Stadt

- täglich – ____________________
- Holzfäller – ____________________
- säubern – ____________________
- zusätzlich – ____________________
- träumen – ____________________
- ländlich – ____________________
- Gebäude – ____________________
- Gräuel – ____________________

3. Erkläre die Schreibweise der folgenden Wörter durch Verlängern oder mithilfe von verwandten Wörtern. Schreibe in dein Heft.

Berg • Maus • rund • lang • Sand • du bringst • du gabst • das Leid • er rät • der Hang • er log • bunt • er mag • flugs

4. Im folgenden Text sind die unterstrichenen Wörter falsch geschrieben.
- Streicht die falsch geschriebenen Wörter durch und schreibt sie richtig darüber.
- Schreibt an den Rand die Ziffern der Tipps aus dem Merkkasten von S. 73, mit denen ihr jeweils die richtige Schreibweise herausfinden könnt.

Wovon ernähren sich die riesigen Wale?

Fast alle großen Wale, zum Beispiel der Blauwal oder der Finnwal, ernehren sich von winzigen Lebewesen, die im Wasser treiben. Diese kleinen Tiere und Flanzen, hauptsechlich Krebse und Algen, nennt man Plankton. (Das griechische Wort bedeutet „herumirrend".) Plankton treipt mit den Meeresströmungen mit. Die großen Wale saugen das Meerwasser ins Maul und spucken es wider aus. Das Plankton bleipt in einer Art Kamm, den sogenannten Barten, hängen und wird anschließent verschluckt. Der Schlund der riesigen Bartenwale ist nähmlich so eng, das sie größere Tiere garnicht fressen könnten.

5. In dem folgenden Text sind acht Wörter falsch geschrieben.
- Streiche diese Wörter durch und schreibe sie richtig darüber.
- Notiere wieder am Rand die Ziffern der Tipps aus dem Merkkasten von S. 73, mit denen du jeweils die richtige Schreibweise herausfinden kannst.

Warum können Nilpferde so gut schwimmen?

Nilpferde und ihre Verwandten, die Zwerkflusspferde, verbringen den größten Teil ihres Lebens im Wasser. Sie können beim Tauchen ihre Nasen verschließen. Zwischen den zehen haben sie Schwimmheute, mit deren hilfe sie im Wasser schnell vorankommen. Nilpferde sind überhaupt-nicht behaart. Ihre emfindliche Haut schützen sie mit einem öligen Sekret, das von Hautdrüsen ausgeschieden wird. Diese „Creme" hat eine rödliche Farbe. Früher dachte Mann, Nilpferde würden Blut schwitzen, und stellte die Tiere in Zoos als „blutige Monster" aus.

„dass“ oder „das“? – Grammatisches Wissen anwenden

Ep R

Das musst du wissen

- Ob du **dass** oder **das** schreiben musst, hängt von der Wortart ab. Die **Konjunktion dass** schreibst du immer mit **ss**. Für den bestimmten Artikel, das Relativ- und Demonstrativpronomen schreibst du immer **das**:
  Beispiele:
  – *Das Physikexperiment* (= **bestimmter Artikel**)
  – *Das (dieses/jenes) ist gemein.* (= **Demonstrativpronomen**)
  – *Mein Fahrrad, das sehr teuer war, wurde gestohlen.* (= **Relativpronomen**)
  – *Ich hoffe, dass die Polizei es findet.* (= **Konjunktion**)
- Merke dir auch folgende Regel: „Wenn man *dieses*, *jenes* oder *welches* einsetzen kann, schreibt man **das**!“

1. Setzt in den folgenden Sätzen **das** oder **dass** ein. Schreibt in die Klammer, um welche Wortart es sich jeweils handelt.

Ep R

- Die Wanderer waren überrascht, ____________ überraschend ein Sturm aufzog.

  (____)

- Das Spiel, ____________ für heute angesetzt war, musste verschoben werden.

  (____)

- ____________ Kino war gestern Abend sehr schlecht besucht.

  (____)

- Simons Eltern hoffen, ____________ ihn der neue Lehrer mag.

  (____)

2. Bilde aus den zwei Sätzen ein Satzgefüge mit der Konjunktion **dass**.

Ep R

Beispiel: Sie ist glücklich. Sie hat in Mathe eine Zwei geschrieben.
→ Sie ist glücklich, dass sie in Mathe eine Zwei geschrieben hat.

- Melanie glaubt. Sie hat ihre Schwimmsachen im Bus vergessen.

  ____

  ____

- Die Klasse hat sich geeinigt. Sie macht ihre Abschlussfahrt an die Nordsee.

____

____

- Der Chemielehrer hat sich entschieden. Er verschiebt den Test auf nächste Woche.

____

____

- Die meisten Verkäufer waren überrascht. Das Produkt entwickelte sich zu einem Verkaufsschlager.

____

____

Ep R

3. Setze in den folgenden Text **das** oder **dass** ein.

Bekämpfung von Krankheiten

Um zu verhindern, ___________ sich Kinder mit gefährlichen Krankheiten anstecken, an denen früher viele Menschen gestorben sind, werden bereits seit vielen Jahren schon kleine Kinder gegen verschiedene Krankheiten wie Masern, Mumps oder Kinderlähmung geimpft. Die Ärzte hoffen, ___________ sie diese Krankheiten über flächendeckende Impfungen ausrotten können. Andere Krankheiten haben sich dagegen über Jahrtausende gehalten, so wie der Krebs. Auch schon früher starben viele Menschen an dieser Krankheit. ___________ fand man z. B. durch die genauen Untersuchungen ägyptischer Mumien heraus. Allerdings sind heute neue Krebsarten entstanden, die es früher nicht gab. ___________ die Gefahr, an Krebs zu erkranken, gestiegen ist, ist sowohl durch Umwelteinflüsse wie Umweltverschmutzung, aber auch falsche Ernährung oder Rauchen bedingt. Zum Teil wird die Veranlagung, an Krebs zu erkranken, aber auch vererbt.

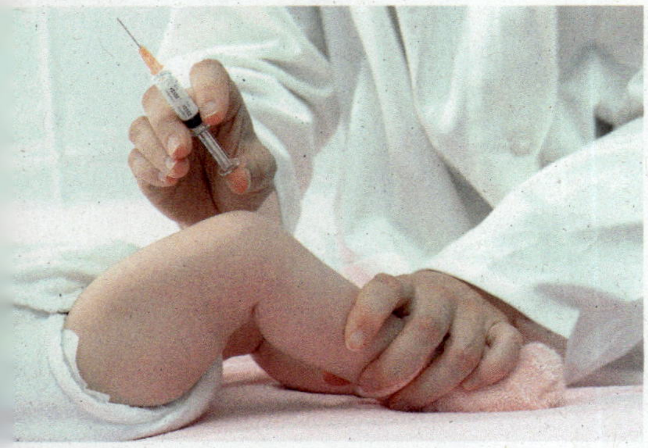

Obwohl die medizinische Forschung immer größere Fortschritte macht und gegen viele Krankheiten wirkungsvolle Heilmittel gefunden wurden, kommt es immer wieder vor, ___________ neue Krankheiten entstehen oder ___________ vermeintlich ausgerottete wieder auftauchen. ___________ betrifft vor allem arme Länder, die eine ausreichende Gesundheitsvorsorge der Menschen nicht gewährleisten können.

Atmosphäre, These, Thema … – sich die Schreibweise von Fremdwörtern einprägen

M

Das musst du wissen

- Bei Wörtern aus einer fremden Sprache musst du dir die Schreibweise gut einprägen.
- Präge dir das Wortbild, also das Aussehen des Wortes, genau ein und schreibe es mehrmals auf. Hilfreich kann es sein, wenn du dir das Wort dabei Silbe für Silbe vorsprichst.
- Arbeite mit den Fremdwörtern, deren Schreibweise dir noch schwerfällt, wie es auf S. 80 für das Einprägen von Merkwörtern beschrieben wird.

1. Arbeitet so mit den folgenden Sätzen: M

- Setzt in die Sätze die Fremdwörter aus dem Wortspeicher ein.
- Deckt anschließend die einzelnen Sätze ab und schreibt das Fremdwort des jeweiligen Satzes dreimal in eure Hefte.
- Schreibt anschließend den ganzen Satz auswendig auf oder diktiert ihn euch.

Sympathie • Thema • psychisch • Atmosphäre • These • Clique • Charakterisierung • Theater

a) Vor einem Gewitter herrscht eine bedrohliche ______________________.

b) Der Fachausdruck für eine Behauptung ist ______________________.

c) Mehrere Jugendliche bilden eine ______________________.

d) Für die ______________ einer literarischen Figur musst du den Text genau lesen.

e) Das Fremdwort für seelisch ist ______________________.

f) Er empfand sofort ______________________ für sie.

g) Bei der Einleitung einer Inhaltsangabe nennt man Autor, Titel, Erscheinungsjahr und das ______________________ des Textes.

h) Im ______________ der Stadt wird ein Stück für Jugendliche aufgeführt.

2. Welche der Fremdwörter aus dem Speicher von Aufgabe 1 passen zu den folgenden Umrissen? Schreibe sie daneben. M

a) 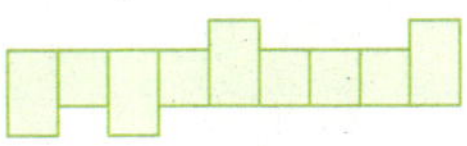 ______________

b) 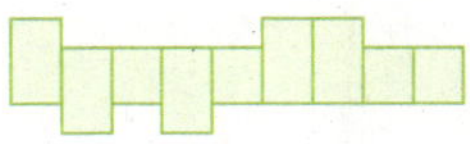 ______________

c) 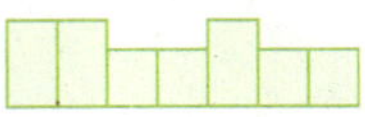 ______________

d) 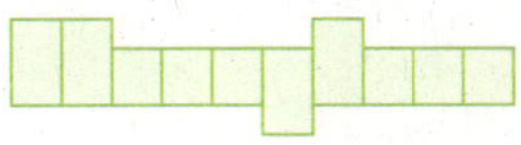 ______________

M

3. Im folgenden Buchstabenrätsel sind zahlreiche Fremdwörter versteckt. Ordne sie in die Tabelle ein. Du kannst sechs Fremdwörter mit **ch**, neun mit **ph** und neun mit **th** finden.
Schreibe das Fremdwort mit seiner Erklärung in dein Heft. Bilde einen sinnvollen Satz mit dem Fremdwort und schreibe den Satz auswendig auf. Wenn du dir bei der Bedeutung eines Fremdwortes unsicher bist, schlage zuvor in einem Wörterbuch nach.

A	L	P	H	A	B	E	T	A	B	S	T	R	O	P	H	E	C	D	E	F	P
D	I	S	K	O	T	H	E	K	K	L	M	N	O	P	Q	R	S	C	G	A	A
K	O	P	Q	R	S	T	U	W	V	M	E	T	H	O	D	E	T	H	H	T	R
A	S	Y	M	P	A	T	H	I	E	K	J	L	M	N	O	P	U	A	J	H	A
T	M	A	B	D	F	G	H	J	K	L	I	C	H	R	O	M	V	O	K	L	G
A	L	C	H	A	R	A	K	T	E	R	M	G	F	E	A	L	W	S	L	E	R
S	K	B	T	G	S	T	U	V	C	H	O	R	D	C	B	K	X	X	M	T	A
T	X	M	H	R	C	H	R	I	S	T	E	N	T	U	M	X	Y	Z	N	O	P
R	T	H	E	M	A	W	X	Y	Z	A	E	C	H	R	O	N	I	K	R	S	H
O	P	S	S	Q	R	T	H	E	K	E	C	D	E	F	G	H	K	L	T	U	V
P	R	R	E	T	S	R	C	D	G	H	T	H	E	R	M	O	M	E	T	E	R
H	O	L	K	X	Y	I	R	E	K	L	M	N	O	P	Q	R	S	T	W	X	Y
E	P	R	X	Y	G	U	A	F	X	E	D	C	P	R	A	Z	Y	X	W	V	Z
Q	H	S	T	Y	H	M	Y	T	H	E	O	R	I	E	P	H	Y	S	I	K	A
P	E	O	M	L	K	P	X	Z	Y	X	T	S	R	G	P	O	N	L	K	H	F
A	T	M	O	S	P	H	Ä	R	E	W	V	P	H	A	S	E	G	F	E	D	C

Fremdwörter mit ch (6)	Fremdwörter mit ph (9)	Fremdwörter mit th (9)

4. Setze die Wörter aus dem Englischen in die Lücken der Sätze ein. **M**

Coach ● Cockpit ● clever ● Casting ● cool

- Jemand, der sich betont lässig gibt, ist in der Sprache der Jugendlichen ________________.
- „Superstars" durchlaufen ein ________________________________.
- Der Flugzeugkapitän sitzt im ________________________________.
- Ein anderes Wort für schlau ist ________________________________.
- Der Trainer einer Sportmannschaft wird auch ____________________ genannt.

5. Löst das Rätsel. Das Lösungswort hat auch mit Sport zu tun. **M**

Wellenreiten			U							
Freizeitsportler			A							
Fußball-, Handballklasse				L						
Wettbewerb			T	U						
Übungsleiter			A	I						
Mannschaft/Gruppe				T						
schneller Lauf								I		
Wurfscheibe			D	I				S		

6. Schreibe zu den folgenden Fremdwörtern jeweils ein verwandtes Verb, Adjektiv oder Nomen/Substantiv auf. Sieh im Wörterbuch nach, wenn du Hilfe brauchst. **M**
Beispiel: die Politur – polieren

- das Abonnement – ____________________
- demonstrieren – die ____________________
- interessant – das ____________________
- die Fantasie – f____________________
- der Charakter – ch____________________
- das Chaos – ____________________
- reparieren – die ____________________
- der Fotograf – ____________________
- die Kritik – ____________________
- temperamentvoll – das____________________

M Merkwörter – mit einer Wörterliste üben

Das musst du wissen

Die Wörter der folgenden Wörterliste werden häufig gebraucht, aber auch oft falsch geschrieben. So kannst du mit der Wörterliste deine Rechtschreibung trainieren:

- **Merke dir mehrere Wörter** und schreibe sie aus dem Gedächtnis auf. Kontrolliere sofort, ob du sie richtig geschrieben hast. Versuche, die Anzahl der Wörter nach und nach zu steigern.
- Zeichne die **Umrisse** der Wörter in dein Heft und schreibe die jeweiligen Wörter in die Umrisse (z. B. W a l d).
- Suche **andere Formen** *(Christ – Christen)* zu den Wörtern und schreibe sie mit dem Wort zusammen auf.
- Wähle mehrere Merkwörter aus und bilde **Sätze, in denen sie vorkommen**.
- **Diktiere** dir mit einer Partnerin/einem Partner gegenseitig die Merkwörter oder Sätze, in denen sie vorkommen. Korrigiert die Diktate gemeinsam.
- Sortiere die Wörter nach verschiedenen **Fehlerschwerpunkten**. Suche z. B. zehn oder 15 Beispiele für Fremdwörter, Zusammen-, Getrennt-, Klein- oder Großschreibung heraus und schreibe sie auf.

abends
  des Abends
  ei/nes Abends
  ge/gen Abend
  heu/te Abend
Acht ge/ben
  (auch: acht/ge/ben)
  das Acht/ge/ben
die Ad/di/ti/on
der Ak/ku/sa/tiv
ak/tiv
ak/zep/tie/ren
im All/ge/mei/nen
das Al/pha/bet
(der eine, der) an/de/re
an/ein/an/der (den/ken)
  (auch: an/ei/nan/der)
die Angst
der Ap/pell
der Arzt
der At/las
auf/grund (auch: auf Grund)
auf/sei/ten (auch: auf Sei/ten)
Au/to fah/ren
  das Au/to/fah/ren

das Ba/by
bar/fuß
die Ba/sis
be/hän/de
be/kannt ma/chen
be/schäf/ti/gen
im Be/son/de/ren
(in, im) Be/zug auf
die Bi/lanz
bis (ges/tern)
der Biss
  der Im/biss
ein biss/chen

die Chan/ce
der Cha/rak/ter
der Charme
der Christ
die Ci/ty
die Cousine (auch: Kusine)

dass
  oh/ne dass
  statt dass
die De/bat/te
de/fi/nie/ren
der Del/fin (auch: Del/phin)
das De/tail
dies/mal
dis/kri/mi/nie/ren
du/zen

der Ego/is/mus
(der) ei/ne (der → an/de/re)
der Ein/zel/ne
im Ein/zel/nen
eis/laufen
  das Eis/lau/fen
das En/ga/ge/ment
die Eta/ge
das Ex/em/plar
  (auch: Ex/emp/lar)
das Ex/pe/ri/ment
ex/pe/ri/men/tie/ren
ex/trem (auch: ext/rem)

das Fahr/rad
  Fahr/rad fah/ren
  das Fahr/rad/fah/ren
die Fan/ta/sie
  (auch: Phan/ta/sie)
fer/tig sein
das Fol/gen/de
  im Fol/gen/den
das Foul
der Fri/seur (auch: Fri/sör)
Fuß fas/sen
  das Fuß/fas/sen

im Gan/zen
gar kein
gar nicht
die Ge/o/gra/fie
  (auch: Ge/o/gra/phie)

ge/schenkt be/kom/men
der Gräu/el
im Gro/ßen und Gan/zen
groß/schrei/ben (Anfangsbuchstaben)
gut schrei/ben (Schrift)
gut/schrei/ben (Konto)

das Image
die Imi/ta/ti/on
im/po/nie/ren
in/di/vi/du/ell
in/fol/ge
in/te/res/sant (auch: in/ter/es/sant)
ir/gend/ein
ir/gend/et/was
ir/gend/wie
ir/gend/wo

je/der
ein je/der
je/der/mann
je/der/zeit
der Job
der Jo/ghurt (auch: Jo/gurt)
der Jour/na/list

der Kaf/fee/er/satz (auch: Kaf/fee-Er/satz)
Kla/vier spie/len
das Kla/vier/spie/len
klein/schrei/ben (Anfangsbuchstaben)
der Kom/men/tar
der Kon/takt
kon/tra (auch: con/tra)

lang/wei/len
die Lär/che (Baum)
lau/fen las/sen (auch: lau/fen/las/sen (entkommen))
die Ler/che (Vogel)
der Letz/te
bis zum Letz/ten
der Letz/te/re
Letz/te/res
letzt/ma/lig
mah/len (Korn)
ma/len (Bild)

man/gels (Zeit)
die Ma/yon/nai/se (auch: Ma/jo/nä/se)
das Mi/li/eu
mit/ein/an/der (auch: mit/ei/nan/der)
mor/gens
des Mor/gens
heu/te Mor/gen
das Mo/tiv

na/iv
neu/tral (auch: neut/ral)
die Num/mer
num/me/rie/ren

das Ob/jekt
der Op/ti/mist
die Ori/en/tie/rung

ein Paar (Schuhe)
ein paar (Äpfel)
der Pä/da/go/ge (auch: Päd/a/go/ge)
der Pan/ther (auch: Pan/ter)
die Phy/sik
plei/te sein
po/si/tiv
pro/be/wei/se
das Pro/jekt
der Pro/vi/ant

die Qua/li/tät
das Quar/tal

Rad fah/ren
das Rad/fah/ren
ra/pi/de
recht ha/ben (auch: Recht ha/ben)
die Re/van/che
ris/kant

der Schluss/satz (auch: Schluss-Satz)
Schuld ha/ben
schuld sein
schwerst/be/hin/dert
seit/wärts
selbst/stän/dig (auch: selbständig)

sit/zen blei/ben (auch: sit/zen/blei/ben (eine Klasse wiederholen))
Ski lau/fen
das Ski/lau/fen
am Sonn/tag/abend
die Spa/ghet/ti (auch: Spa/get/ti)
spa/zie/ren ge/hen
der Stän/gel
stun/den/lang

die Tee/ern/te (auch: Tee-Ern/te)
die The/se
die Tra/di/ti/on
das Trai/ning

im Üb/ri/gen
un/ge/fähr
im Un/kla/ren

ver/lo/ren ge/hen (auch: ver/lo/ren/ge/hen)
viel
viel/leicht
vie/les
die Vi/ta/mi/ne
im Vo/raus (auch: Vor/aus)
die Vo/raus/set/zung (auch: Vor/aus/set/zung)
vor/ges/tern
vor/ges/tern Abend
vor/ran/gig

die Wahl (zum Abgeordneten)
der Wal (Säugetier)
Wal/zer tan/zen
das Wal/zer/tan/zen
wi/der
wi/der/spre/chen
der Wi/der/spruch
wie/der
wie/der/ho/len
die Wie/der/ho/lung

das Zen/trum (auch: Zent/rum)
zweck/ent/spre/chend
dem Zweck ent/spre/chend

Teste dich selbst! – Tipps für die Rechtschreibung

1. Ergänze die unvollständigen Wörter aus dem folgenden Text. Schreibe das jeweilige Wort zusammen mit einer Ableitung, die die richtige Schreibweise des Wortes erklärt, auf.

(zu erreichende Punkte / eigene Punkte)

Inlineskating

Inlineskating wurde von Ski-Langl______fern als Sommertraining entdeckt. Auch bei uns hat diese Sportar______ viele Anh______nger gefunden. In Kalifornien sieht man manchmal schon mehr Leute auf Inlinern daherrollen, als zu Fuß die Promenade am Stran______ entlan______schlendern. Einen entscheidenden Unterschie______ zum Skifahren gi______t es aber: Ein Stur______ auf dem Asphal______ hat d______lich h______rtere Folgen als im Schnee. Der englische Begriff „crushing“ für einen Sturz mit Inlinern lautet nicht umsonst lautmalerisch „chrushing“.

22 / ____

2. Setze in dem folgenden Satz die Wörter **das** und **dass** ein.

Ich freue mich, ________________ der Postbote ________________ Paket, ________________ ich schon erwartet habe, gebracht hat.

6 / ____

3. Setze auch in die Lücken der folgenden Sätze **das** oder **dass** ein. Schreibe jeweils in die Klammer die Wortart des ergänzten Wortes.

a) Das Haus, ____________ gespenstisch wirkt, ist anscheinend verlassen.

(____)

b) Die Nachbarn vermuten, ____________ der Besitzer ausgewandert ist.

(____)

c) Sie hoffen, ____________ ihm nichts passiert ist. (________________________________)

16 / ____

d) Wie verlassen ____________ alles aussieht. (________________________________)

mögliche Punkte: 44 / erreichte Punkte: ____

Zum Schwimmen, nichts Gutes, lautes Lachen … – Nominalisierungen/Substantivierungen großschreiben

R

Das musst du wissen

- Du weißt, dass du **Nomen/Substantive** und **Satzanfänge** großschreibst.
- **Wörter**, die keine Nomen/Substantive sind, musst du **dann großschreiben**, wenn sie im Satz **wie Nomen/Substantive gebraucht** werden.
- Vor Verben, Adjektiven und anderen Wortarten findest du häufig einen **Begleiter**, wenn sie als Nomen/Substantive verwendet werden *(beim Tanzen, der Einzige, alles Liebe)*. Fehlt der Begleiter, kannst du ihn oft einsetzen *(Mir macht Singen Freude. → Mir macht (das) Singen Freude)*.

1. Setzt in den folgenden Sätzen die fehlenden Buchstaben in der richtigen Schreibweise ein. R

- Im Sommer verabredet man sich gerne zum gemütlichen ☐rillen.
- Das ☐esondere an Pauls Kostüm war sein geschminktes Gesicht.
- Zum ☐acken von Pizza kann man viele Helfer gebrauchen.
- An meinem Geburtstag lade ich meine Freunde zum ☐ssen ein.
- Meine 90-jährige Tante gab nach dem Essen einige Witze zum ☐esten.

2. Unterstreicht in den folgenden Zeitungsüberschriften und Werbesprüchen die nominalisierten/substantivierten Ausdrücke.

3. Schreibe die Zeitungsüberschriften und Werbesprüche dann in der richtigen Schreibweise in dein Heft und unterstreiche wieder die nominalisierten/substantivierten Ausdrücke. R

NICHTS NEUES IM WESTEN

BEIM JOGGEN VON WILDSCHWEIN ATTACKIERT

BANKRÄUBER IM NU GEFASST

SWR: IMMER AUF DEM LAUFENDEN

JEDER VIERTE AN GRIPPE ERKRANKT

DAS LÄCHELN DER SIEGER

BORUSSIA ZIEHT ERNEUT DEN KÜRZEREN

SUCHEN SIE DAS BESONDERE IM EINFACHEN

KEIN JUCKEN, KEIN BRENNEN: JAGOFIX, DIE SALBE GEGEN JUCKREIZ

IHR LÄCHELN LIEGT UNS AM HERZEN

FRÜHES AUS FÜR DIE NATIONALMANNSCHAFT

R

4. Setze auch in die Lücken der folgenden Sätze die Buchstaben in ihrer richtigen Schreibweise ein.

a) Sie hört auf zu ____chreien. (S/s)

b) Sie hört mit dem ____chreien auf. (S/s)

c) Ich wünsche dir ____chöne Ferien. (S/s)

d) Für die Ferien wünsche ich dir alles ____chöne. (S/s)

e) Er denkt in ____eder Situation nur ans ____ier und ____eute. (J/j, H/h, H/h)

f) Sie führt den ____chwierigen Auftrag aus. (S/s)

g) Nach der ____angen Reise hatte sie viel ____eues zu erzählen. (L/l, N/n)

h) Das ____chwierige an der Klassenarbeit war die kurze Zeit. (S/s)

i) Er versprach ____edem das ____eine. (J/j, S/s)

j) Wenn man ein Problem hat, muss man es ____ier und ____eute anpacken. (H/h, H,h)

R

5. Kreise in dem folgenden Gedicht alle Nomen/Substantive ein. Unterstreiche alle nominalisierten/substantivierten Wörter. Schreibe das Gedicht dann in seiner richtigen Schreibweise als Selbstdiktat in dein Heft.

Hugo Ernst Käufer (1927 – 2014)

Einfache Regeln

WENN MAN SICH EINGELEBT HAT,
WIRD ES ZEIT, AUFZUBRECHEN.

WENN MAN DAS GEWOHNTE TUT,
WIRD ES ZEIT, SICH ZU LÖSEN.

WENN MAN DAS VERTRAUTE SIEHT,
WIRD ES ZEIT, WACH ZU WERDEN.

WENN MAN DAS VERORDNETE HÖRT,
WIRD ES ZEIT, ZU WIDERSPRECHEN.

R

6. Arbeite folgendermaßen mit den beiden Texten „Vulkane“ und „Im Inneren der Erde“:

- Streiche die falschen Buchstaben in den Lücken durch.
- Diktiere dir anschließend einen oder beide Texte mit einem Partner gegenseitig. Wechselt die Rolle des Diktierenden und des Schreibenden (z. B. nach jedem Satz oder Textabschnitt).

Vulkane

Durch einen Vulkan ist eine **D/d** irekte Verbindung von der Erdoberfläche in das **I/i** nnere der Erde gegeben. Das **E/e** indringen durch den Krater in das **E/e** rdinnere ist aber nicht möglich. Vulkane sind **M/m** assive Berge, die im **W/w** esentlichen aus **S/s** teinharter Lava bestehen.

U/u m in das **I/i** nnere eines Vulkans einzudringen, müsste man sich einen **W/w** eg durch das harte Gestein bahnen. **D/d** ies ist aber wegen der **H/h** ärte des Gesteins unmöglich, so ist das Innere eines Vulkans auch **H/h** eute noch etwas **G/g** eheimnisvolles und **U/u** nerforschtes.

Im Inneren der Erde

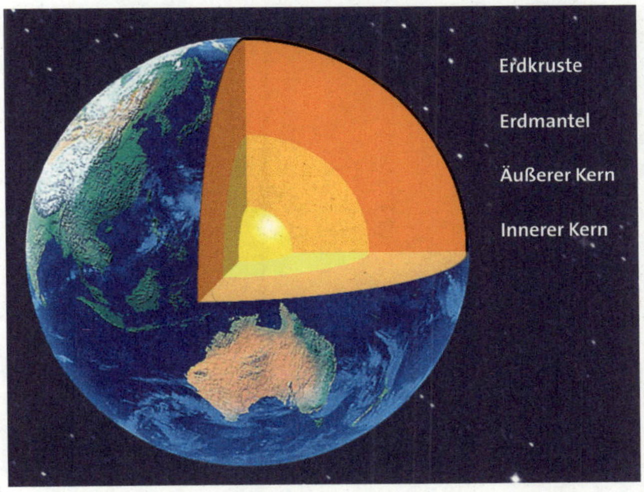

Die Erdkruste umgibt die Erde so wie die **S/s** chale ein Ei. In der Kruste findet man viele verschiedene Steine, die für Wissenschaftler **I/i** nteressantes und **A/a** ufschlussreiches bieten. Sie enthalten nämlich viele **W/w** ertvolle Rohstoffe wie Kupfer oder Zink. **D/d** ie nächste Schicht ist der Erdmantel, in dem **T/t** emperaturen von über 1400 Grad **C/c** elsius herrschen. **I/i** n der nächsten Erdschicht, dem „Äußeren Kern", sind Temperaturen von 5000 Grad etwas **N/n** ormales.

Einige **T/t** ausend Kilometer weiter unten findet man schließlich das Zentrum der Erdkugel, den sogenannten „Inneren Kern". Der „Innere Kern" besteht im **W/w** esentlichen aus Eisen und Nickel. **A/a** llerdings ist er nicht flüssig, sondern **F/f** est. Dort haben sich in den **L/l** etzten über vier Milliarden Jahren des **B/b** estehens der Erde die **S/s** chwersten Teile zusammengefügt.

R

Sonntag, montags, halb sieben … – Zeitangaben richtig schreiben

Das musst du wissen

- Du schreibst Zeitangaben **groß**, die aus einem **Nomen/Substantiv** bestehen *(am Montag, Sonntag)*.
- Auch **nach Adverbien** wie *heute, gestern* schreibst du **Tageszeiten groß** *(heute Morgen)*.
- **Klein** schreibst du
  - Zeitangaben in Form eines **Adverbs** *(früh, spät, heute)*. Häufig kannst du sie am **s** erkennen *(morgen**s**, dienstag**s**)*.
  - Angaben zur **Uhrzeit** *(halb sieben)*.

1. Ergänze in der folgenden Tabelle jeweils die Lücke. Finde auch eine Überschrift für die zwei Spalten der Tabelle und setze sie ein.

____________	____________
am Abend	abends
am Morgen	
eines Mittwochs	
	dienstags
am Werktag	
	sonntags
am Nachmittag	
gegen Mittag	

R

2. Schreibt die folgenden Ausdrücke richtig auf.

VORGESTERN ABEND/UM VIERTEL NACH NEUN/UM HALB DREI/NACHTS/
GESTERN NACHMITTAG/SPÄT IN DER NACHT/AM FREITAGABEND/AM MITTWOCH/AM SAMSTAG-
MORGEN/MONTAGNACHMITTAGS/VORGESTERN/FREITAGNACHTS

3. Verwendet die Zeitangaben von Aufgabe 2 in sinnvollen Sätzen. Schreibt diese auf und unterstreicht die Zeitangaben.

Teste dich selbst! – Groß- und Kleinschreibung

(zu erreichende Punkte / eigene Punkte)

1. Streiche in den folgenden Sätzen die falsche Schreibweise der fett gedruckten Wörter durch.

- Sie ist **Schwarzhaarig/schwarzhaarig**. Und das **Schwarz/schwarz** steht ihr gut. Das war heute ein wirklich **schwarzer/Schwarzer** Tag.
- Nach der **langen/Langen** Reise hatte sie viel **neues/Neues** zu berichten.
- Bei dieser Sportart ist schnelles **Reagieren/reagieren** gefragt.
- In dem Theaterkurs stand **sprechen, vortragen und spielen/Sprechen, Vortragen und Spielen** auf dem Programm.
- Das überraschende Los traf jeden **Siebenten/siebenten**.

16 /____

2. Unterstreiche in den folgenden Werbesprüchen die Nominalisierungen/Substantivierungen.

16 /____

3. Ergänze den richtigen Buchstaben.

- Am heutigen ____(N/n)achmittag ist Paul sehr aufgeregt.
- Eines ____(M/m)orgens bekam er eine E-Mail von Alexandra.
- Sie schreibt ihm, dass sie ____(M/m)orgen ____(A/a)bend zurückkommt.
- Gegen ____(N/n)achmittag erwartet er sie schon.
- Leider kommt sie erst ____(Ü/ü)bermorgen ____(F/f)rüh zurück.

14 /____

mögliche Punkte: 46 / erreichte Punkte: ____

Dehnung – Wörter mit langem Vokal richtig schreiben

Das musst du wissen

Lang gesprochene, betonte Vokale können auf folgende Weise geschrieben werden:

- mit **einfachem Vokal** ohne Dehnungszeichen *(Qual, Wärme, leben)*,
- mit dem **Buchstaben h** als Dehnungszeichen *(Gefahr, Reh, mehr)*,
- mit **doppeltem Vokal** *(Aal, Moor, See)*.
- Den **langen i-Laut** schreibst du **meistens mit ie** *(Liebe, liegen)*. In einigen Fällen wird der lange i-Laut auch mit einfachem **i** (*Margarine, Tiger*) oder **ih** *(ihr, ihm)* geschrieben.

Da es keine Regeln gibt, wann du den langen Vokal wie schreibst, musst du dir die Schreibweise der Wörter mit langem, betontem Vokal einprägen und sie immer wieder üben.

1. Entscheide bei den folgenden Wörtern, ob sie mit einfachem Vokal, dem Buchstaben **h** oder doppeltem Vokal geschrieben werden. Setze den bzw. die passenden Buchstaben ein.

f____ren (a/ah/aa), schm____l (a/ah/aa), b____ren (o/oh/oo), R____t (a/ah/aa),

sp____len (ü/üh/üü), M____s (o/oh/oo), R____men (a/ah/aa), S____t (a/ah/aa),

Sp____r (u/uh/uu), nach____men (a/ah/aa), Ras____r (u/uh/uu), Pr____be (o/oh/oo),

____s (A/Ah/Aa), Schw____n (a/ah/aa), B____re (e/eh/ee)

2. Ergänze in dem folgenden Text die fehlenden Buchstaben für die langen Vokale.

Tipp: Wenn du dir unsicher bist, schlage in einem Wörterbuch nach.

Der Homo sapiens

Auf der Erde l____ben m____r als sieben Milli____rden Menschen, von denen keiner genauso ist wie ein anderer. Trotz dieser erstaunlichen Besonderheit haben wir Menschen dennoch sehr v____l gemeins____m, denn wir geh____ren alle zur Gattung des „Homo sapiens" (lat. wissender Mensch). Neben unserem aufrechten Gang – wir sind die einzigen Säuger, die auf zwei Beinen gehen und stehen können – verf____gt unser menschlicher K____rper über v____lfältige Fähigkeiten. Wir können rennen, trampeln, schleichen, springen, klettern, schwimmen und v____les m____r. Wir sind zwar nicht so ausdauernd und schnell wie v____le andere T____re, zeichnen uns jedoch durch V____lseitigkeit und Anpassungsfähigkeit aus. Der Mensch kann in der Hitze der W____ste ebenso überleben wie in der Kälte der Ant____rktis, wenn ____m Wasser, K____lenhydrate, Eiweiß und Fett sowie W____rme und Licht zugänglich sind.

Der menschliche K_____rper best_____t aus v_____len Billi_____nen Zellen, die sich hauptsächlich aus Wasser, Fett und Eiweiß zusammensetzen. Das einzigartige Zusammenwirken von Knochen, Muskeln, Org_____nen und Gehirn macht den Menschen zu einem besonders erfolgreichen Lebewesen auf der Erde. Vor fünf bis s_____ben Milli_____nen J_____ren haben unsere Vorf_____ren angefangen, aufrecht zu gehen. Im Laufe der Zeit hat sich der menschliche K_____rper dann immer m_____r dem aufrechten Gang angepasst.
Das Skelett veränderte sich und auch das Fell ging verl_____ren. So konnte der Wärmeausgleich bei Anstrengungen einfacher geleistet werden und gleichzeitig musste man sich nicht m_____r mit überaus lästigen Mitbew_____nern wie Flöhen oder Wanzen herumärgern. Im Laufe der Zeit lernten die Menschen, Werkzeuge zu benutzen. Mit Messern und Knüppeln konnten sie sich selbst verteidigen und auf die J_____gd gehen und so immer mehr Fleisch erbeuten. Durch die verm_____rte Zuf_____r von Eiweiß und Fett w_____chsen die Gehirne.

3. **Wider/wider** und **Wieder/wieder** haben unterschiedliche Bedeutungen. **Wider/wider** wird im Sinne von **„gegen“** (*Widerstand*) benutzt. **Wieder/wieder** hat die Bedeutung von „noch einmal“ (*Wiederholung*).

- Entscheidet in den folgenden Sätzen, um welche Bedeutung es sich handelt.
- Ergänzt in den Lücken die richtige Schreibweise.

a) Die ständigen W____derholungen im Fernsehen langweilen mich.

b) Beim Schwimmen spürte er deutlich den W____derstand des Wassers.

c) Der Läufer hatte seinen W____dersacher unterschätzt und musste sich kurz vor dem Ziel geschlagen geben.

d) Die Aussagen des Zeugen waren sehr w____dersprüchlich.

e) Die Schüler stimmten dem Vorschlag der Lehrerin, beim Wandertag tatsächlich zu wandern, w____derwillig zu.

f) Die W____dereröffnung des restaurierten Bahnhofs wurde groß gefeiert.

g) Nach dem Friseurbesuch haben Leos Freunde ihn kaum w____dererkannt.

h) Der W____derverkaufswert des Kleinwagens war höher als erwartet.

i) Eine gute Regenjacke muss sehr w____derstandsfähig sein.

Schärfung – Wörter mit kurzem Vokal richtig schreiben

Das musst du wissen

- Hörst du nach einem kurzen, betonten Vokal und Umlaut **(ä, ö, ü)** nur **einen Konsonanten**, wird dieser meistens **verdoppelt** *(kommen, vermissen, doppelt)*.
- Wenn du nach einem kurzen, betonten Vokal **zwei oder mehr verschiedene Konsonanten** hörst, wird **keiner verdoppelt** *(Bild, Rampe, Wild)*.
- Die **Laute k und z** werden nach einem kurzen, betonten Vokal nicht verdoppelt. Du schreibst sie nach einem kurzen Vokal mit **ck oder tz**.

1. Unterstreiche in dem folgenden Text möglichst viele Wörter mit kurzem, betontem Vokal. Sprich dazu die Wörter laut in Silben und höre genau hin.

Der menschliche Körper

Unser Körper ist klug konstruiert, wie eine Maschine. Wenn etwas nicht funktioniert oder stimmt, kann er sich oftmals selbst wieder reparieren. Das ist auch notwendig, da der Körper ständig Angriffen von außen ausgesetzt ist. Eine Abwehrwaffe gegen Bakterien oder Viren ist das Fieber. Jeder hatte schon einmal Fieber. Wenn es besonders hoch ist, fühlt man sich elend und hat nur noch das Bedürfnis, sich ins Bett zu legen und in Ruhe gelassen zu werden. Genau das ist der Zweck des listigen Körpers. Auf eine Attacke durch Viren oder Bakterien antwortet der Körper mit Fieber. Durch seinen Einsatz ist der menschliche Körper weder in der Lage, Fußball zu spielen, noch einen Hundertmeterlauf zu bewältigen. Der Körper nutzt die Ruhephase, um sich zu erholen. Auch wenn man das Gefühl hat, dass das Fieber einen krank macht, ist genau das nicht der Fall. Die erhöhte Temperatur ist ein Anzeichen dafür, dass der Körper gerade mit einer Krankheit kämpft. Durch den Temperaturanstieg werden alle Vorgänge innerhalb des Körpers beschleunigt. Zudem werden den in den Körper eingedrungenen Krankheitserregern Antikörper angehängt, die dann sozusagen als Warnsignal funktionieren und weitere Abwehrkräfte des Körpers aktivieren.

2. Setze in dem folgenden Text die fehlenden Buchstaben ein.

Möglichkeiten der Medizin

Im Laufe der Jahrhunderte haben die Mediziner und Forscher unterschiedliche Methoden, Medikame____te und Instrume____te entwickelt, um die Menschen zu heilen. We____ das Fieber auf eine sehr hohe und damit lebensbedrohliche Te____peratur kle____ert, werden fiebersenkende Medikame____te verabreicht. Arbeiten besti____te Körperteile schlecht oder gehen kapu____, ka____ man sie mi____lerweile künstlich ersetzen. So ist es möglich, jemandem ein neues Hü____tgelenk anzupa____en oder eine kü____stliche Her____kla____e einzusetzen. Heute werden auch Verpflan____ungen von natürlichen Organen durchgeführt. Das bezeichnet man als Tra____spla____tation. So ka____ Gesichtshaut, die zum Beispiel durch einen Autounfa____ oder Verbre____ungen zerstört wurde, durch Haut aus dem Oberschenkel des Patienten ersetzt werden. Diese wird wie ein Fli____en auf die kapu____e Stelle gesetzt. Auch die Verpflan____ung von Organen von einem in den anderen Körper ist möglich. Leber, Her____, Lunge, Niere und andere Organe kö____en von Mensch zu Mensch übertragen werden. Menschen, die bereit sind, ihre Organe im Fa____e ihres Todes an andere Menschen zu spenden, mü____en sich noch zu ihren Lebzeiten damit einverstanden erklären. Sie tragen da____ einen Organspendeausweis bei sich und sind im Notfa____ sofort als Organspender zu erke____en.

3. Vervollständigt die folgenden Wörter. Einmal wird der Konsonant verdoppelt, das andere Mal nicht. Ihr müsst die Konsonanten **m, s, t** oder **d** einsetzen. Sprecht dazu die Wörter laut in Silben.

- er ka____ – die Ka____er
- die Ro____e – die Ro____e (die Blume)
- sie ra____en – die Ra____en
- die Va____e – das Wa____er
- die Bu____e – bu____eln
- sie la____en – sie la____en (ein Buch)
- der Flu____ – die/der Flu____en (Faden)

Gesummt oder gezischt? – s-Laute richtig schreiben

Das musst du wissen

Man unterscheidet bei den s-Lauten den **stimmhaften** und **stimmlosen s-Laut.**
Den stimmhaften s-Laut sprichst du **gesummt** und den stimmlosen s-Laut **gezischt** aus.

- Den **stimmhaften s-Laut** schreibst du immer mit **einfachem s**.
  Manchmal, z. B. am Wortende, wird der stimmhafte s-Laut zu einem stimmlosen. Du musst dann verwandte Wörter suchen oder das Wort verlängern, um dir die Schreibweise zu erschließen *(Glas – Gläser)*.
- Den **stimmlosen s-Laut** schreibst du **nach einem langen Vokal** oder **Doppellaut** *(eu, au, äu, ei)* mit **ß** *(Spaß, außen, reißen)*.
- **Nach einem kurzen Vokal** schreibst du den stimmlosen s-Laut mit **ss** *(Kuss, lassen)*.

1. Setzt in dem folgenden Text die s-Laute in der richtigen Schreibweise ein.

Lang____ame Veränderungen

Mit un____eren haarigen und affenähnlichen Vorfahren haben wir heute nicht mehr viel gemein____am. Aber wie____o hat sich der Mensch im Laufe der Zeit so stark verändert? Die Nahrung der Lebewe____en ist in direktem Ma____abhängig von den Gegebenheiten der Umwelt. Verändert sich die Umwelt, zum Beispiel durch Vulkanausbrüche, mü____en die Lebewe____en ihre Nahrung umstellen. So war es auch bei unseren Vorfahren. Während sie sich zu Beginn von Blättern, Rinden und Früchten der vorhandenen Bäume ernährten, mu____ten sie durch Klimaveränderungen im Laufe der Zeit grö____ere Wege bei der Nahrungs____uche zurücklegen. Schnellere und fittere Lebewe____en hatten dabei einen klaren Vorteil. So lernten unsere Vorfahren lang____am, auf zwei Beinen zu gehen, weil sie dadurch schneller vorwärtskamen. Beobachtet man kleine Kinder, die zu laufen beginnen, sieht man, wie müh____am es ist, die____ zu erlernen. Beim Gehen mu____ das ge____amte Gewicht schnell vom einen auf das andere Bein verlagert werden. Das Gehirn mu____ in Sekundenbruchteilen die Bewegungen aufeinander abstimmen. Um das zu bewältigen, mu____ten die frühen Menschen ihr Gehirn und auch ihr Skelett verändern. Ein grö____eres Becken, Zehen in Laufrichtung, Kniegelenke zum Durchdrücken und vieles andere mehr entwickelten sich natürlich nicht auf Knopfdruck. Die____e Veränderungen pa____ierten in sehr kleinen Schritten über viele Generationen hinweg, zum Teil auch zufällig.

2. Ergänze auch in dem folgenden Text die fehlenden Buchstaben.

Können Krankheiten aussterben?

Viele denken, dass die mei____ten Menschen an Kreb____ sterben. Das ist aber nicht richtig. Die häufig____ten Tode____ur____achen sind Herz- und Krei____lauferkrankungen, bedingt durch Alter____schwäche oder einen Herzinfarkt. Beim Herzinfarkt wird der Herzmu____kel nicht mehr au____reichend mit Blut ver____orgt und das Herz hört in der Folge auf zu schlagen. Menschen sind schon immer an bestimmten Krankheiten gestorben, es gab aber auch Krankheiten, die heute nicht mehr vorkommen. Vor ca. 1500 Jahren wütete eine hochansteckende Krankheit auf der Welt – die Pe____t, die man auch als den Schwarzen Tod bezeichnet. Da man über kein Mittel gegen die____e Krankheit verfügte, mu____ten täglich mehrere Tau____end Menschen sterben. Vor rund 700 Jahren breitete sich die Pe____t erneut aus und tötete innerhalb kürzester Zeit mehrere Millionen Menschen. Sie wurde durch Ratten, aber auch durch die Atemluft übertragen. Heute ist die Pe____t so gut wie au____gestorben. Die____ ist vor allem der Hygiene der Menschen zu verdanken.

3. In dem Wortgitter sind 14 Wörter waagerecht, senkrecht und diagonal versteckt, die entweder mit **ss** oder **ß** geschrieben werden. Schreibe die Wörter heraus. Beachte dabei, dass ein **ß** in Großbuchstaben als **SS** dargestellt wird.

P	I	K	S	S	M	N	O	S	Ü	S	S
S	S	L	A	B	C	A	F	D	E	F	F
F	G	A	H	I	J	S	S	L	U	M	W
U	Z	S	G	R	O	S	S	D	U	M	I
S	I	S	S	A	F	G	P	F	N	S	S
S	R	E	Z	G	R	U	S	S	M	K	S
B	P	F	K	I	S	S	E	N	H	G	E
A	A	A	M	D	W	A	S	S	E	R	N
L	S	D	S	S	O	P	J	K	L	F	A
L	S	L	U	S	D	F	G	L	Ü	M	S
T	R	A	S	D	R	A	U	S	S	E	N
S	T	R	A	S	S	E	K	B	I	F	T

Teste dich selbst! – Dehnung, Schärfung und s-Laute

(zu erreichende Punkte / eigene Punkte)

1. Ergänze in dem folgenden Text die Schreibweise der langen Vokale.

Die menschliche Sprache

Dass der Mensch auf zwei Beinen laufen kann und über ein besonders gr____ßes Gehirn verf____gt, hebt ihn ____ne Zweifel von anderen Lebewesen ab. Als besondere Fähigkeit des Menschen gilt jedoch die Entwicklung der Spr____che. Jetzt kann man einwenden, dass auch T____re über eine „Spr____che“ verf____gen, mit der sie kommuniz____ren, jedoch ist es dem Menschen als Einzigem gelungen, eine V____lz____l untersch____dlicher Laute zu bilden und d____sen einen Sinn zu geben. Die Spr____che erm____glicht es uns, anderen Gef____le und Erf____rungen, aber auch Informati____nen und Pl____ne mitzuteilen.

18 / ____

2. Übernimm die Wörter aus dem Wortspeicher in der richtigen Schreibweise in dein Heft.

Rü?en • er sta?d • A?gst • Bi?te • A?e • fe?t • Kö?per • Bi?d • Ra?e • ko?en • Ba? • verdo?eln • Mi?elalter • Ha?dspiel • Sta?t • beka?t • ke?enlernen • Kra?kheit • Angri? • Wi?

20 / ____

3. Ergänze die folgenden Rechtschreibregeln.

- Man unterscheidet ____________________ und ____________________ s-Laute.
- Den gesummt ausgesprochenen s-Laut schreibt man ____________________ mit ____________________.
- Den gezischt ausgesprochenen s-Laut schreibst du nach ____________________ mit **ss** und nach einem ____________________ oder ____________________ mit **ß**.

14 / ____

mögliche Punkte: 52 / erreichte Punkte: ____

Entsteht eine neue Bedeutung? – Wortgruppen und Zusammensetzungen richtig schreiben

B?

Das musst du wissen

- Eine **Zusammensetzung** ist eine Verbindung von mehreren Einzelwörtern, die eine **neue Bedeutung** hat. Du schreibst sie in der Regel **zusammen** *(Das ist dir **schwergefallen**)*.
- Eine **Wortgruppe** schreibst du **getrennt**. In einer Wortgruppe bleibt die Bedeutung der Einzelwörter erhalten und die Verbindung ergibt **keine neue Gesamtbedeutung** *(Du bist im Sportunterricht **schwer gefallen**)*.
- Merke dir besonders, dass die Wortgruppen ***wie viel, so viel, zu viel, ohne dass, gar kein*** und ***gar nicht(s)*** getrennt geschrieben werden.

1. Entscheidet, welcher Ausdruck jeweils eine Zusammensetzung und welcher eine Wortgruppe bildet. Schreibt die Sätze in der richtigen Form auf.

B?

- Dieses Material ist GEGENHITZEBESTÄNDIG.
- Dieses Material ist HITZEBESTÄNDIG.

- Am Ende eines Telefonats sagt man häufig „Auf WIEDERHÖREN".
- Nach der Operation kann er endlich WIEDERHÖREN.

- Im Urlaub will ich eine Woche lang BERGSTEIGEN.
- Piet ist noch nie AUFEINENBERGGESTIEGEN.

- Auf die Abschlussprüfung hat Anna sich MONATELANG vorbereitet.
- Jule will einen MONATLANG keine Süßigkeiten essen.

- FREUDESTRAHLEND verließ das Mädchen den Klassenraum.
- VORFREUDESTRAHLEND zeigte er das Klassenarbeitsheft seinen Eltern.

2. Überlegt, bei welcher Verbindung in den folgenden Satzpaaren eine neue Gesamtbedeutung entstanden ist. Übertragt die Sätze in der richtigen Schreibweise in eure Hefte.

B?

- Der Angeklagte wurde von dem Vorwurf des Betrugs FREIGESPROCHEN.
- Trage das Referat vor, indem du FREISPRICHST.

- Eine ältere Dame ist in der Fußgängerzone SCHWERGESTÜRZT.
- Till ist es SCHWERGEFALLEN, sich von seiner Freundin zu verabschieden.

- Du solltest unbedingt etwas KÜRZERTRETEN, ansonsten wirst du noch krank.
- Könnten Sie den Rock bitte etwas KÜRZERMACHEN?

- Was du gestern gesagt hast, musst du unbedingt RICHTIGSTELLEN.
- Den Fernseher muss ich noch RICHTIGEINSTELLEN.

- Ruh dich erst einmal ein paar Tage aus; du darfst auf keinen Fall KRANKWERDEN.
- Über die Filmszene hätten sie sich KRANKLACHEN können.

B?

Da sein, stehen lassen, liegen bleiben … – Verbindungen aus zwei Verben und mit dem Hilfsverb „sein“

Das musst du wissen

- Verbindungen aus **zwei Verben** werden **getrennt** geschrieben *(Er ist zwei Stunden auf der Bank **sitzen geblieben**).*
- Entsteht bei einer Verbindung aus zwei Verben eine neue Bedeutung, kannst du sie getrennt oder zusammenschreiben *(Er ist im letzten Schuljahr fast **sitzen geblieben/sitzengeblieben**).*
- **Verbindungen** mit dem **Hilfsverb „sein“** werden **immer getrennt** geschrieben *(Möchtest du auch **dabei sein**?).*

B?

1. Trage die richtige Form in die folgenden Sätze ein. Manchmal ist dir die Schreibweise freigestellt. Lies noch einmal in der Lernbox oben nach, wenn du dir unsicher bist.

- Wenn Felix ______________________ (FERTIGSEIN), fährt er sofort zu Robert.
- Anne hat versehentlich ihre Sporttasche an der Bushaltestelle ______________________ ______________________ (STEHENLASSEN).
- Auf die Jugendherberge freut Janna sich immer wieder, obwohl sie schon so oft ______________________ ist. (DASEIN).
- Du bist so lange ______________________ (FORTSEIN), dass ich mich gar nicht mehr richtig an dein Aussehen erinnern kann.
- Wenn du noch länger im Bett ______________________ (LIEGENBLEIBEN), verpasst du den Bus.
- Das Mädchen, welches Nico im Urlaub ______________________ hat (KENNENLERNEN), kommt aus Holland.
- Viele berühmte Personen sind während ihrer Schulzeit ______________________ ______________________ (SITZENBLEIBEN).
- Wenn es ______________________ (wahr sein), was man sich über Felix erzählt, dann möchte Laura am Samstag unbedingt mit ihm ______________________ ______________________ (SCHWIMMENGEHEN).

Schlange stehen, Auto fahren, Ski laufen ... – Verbindungen aus Nomen/Substantiv und Verb

R

Das musst du wissen

- **Verbindungen** aus einem **Nomen/Substantiv und einem Verb** bilden in der Regel eine Wortgruppe. Du musst sie deshalb meistens **getrennt** schreiben *(Feuer schlucken, Rad fahren).*
- Wenn eine solche Verbindung **nominalisiert/substantiviert** wird, schreibst du sie jedoch **zusammen** (*das Feuerschlucken, das Radfahren).*
- Wird eine solche Verbindung wie ein **Adjektiv gebraucht**, kannst du sie **getrennt oder zusammenschreiben** *(Dieses ist ein* ***Krebs erzeugender/krebserzeugender*** *Stoff).*

1. Verbinde jeweils ein Nomen/Substantiv mit einem passenden Verb. Schreibe die Wortgruppen in dein Heft. R

Schlange • Ski • Angst • Rat • Probe • Feuer • Auto • Fuß • Maß • Walzer • fangen • fahren • machen • fassen • nehmen • tanzen • haben • stehen • suchen

2. Schreibt auch die folgenden Sätze in der richtigen Form auf. Bei zwei Sätzen könnt ihr aus zwei Schreibweisen auswählen. Bei zwei weiteren Sätzen müsst ihr die Verbindung aus Nomen/Substantiv zusammenschreiben. R

- Das FEUERSCHLUCKEN der Artisten im Zirkus begeistert die Zuschauer.
- Wegen des Wetters will Vanessa heute nicht RADFAHREN.
- Veras Mutter ist in einem HOLZVERARBEITENDEN Betrieb tätig.
- Dass so viele Menschen in Afrika NOTLEIDEN, wird in Europa viel zu wenig wahrgenommen.
- In einigen Ländern gibt es Pflanzen, die FLEISCHFRESSEN.
- Das AUTOFAHREN wird in den Großstädten immer gefährlicher.
- Wenn du ein EISISST, darfst du viele Geschäfte nicht betreten.
- Mit dieser Creme kannst du deine HAUTAUFFRISCHEN.
- Auf der Vulkaninsel Lanzarote gibt es keine FEUERSPEIENDEN Vulkane mehr.
- Weil er verletzt ist, darf Paul drei Wochen lang nicht FUßBALLSPIELEN.

Teste dich selbst! – Zusammen- und Getrenntschreibung

(zu erreichende Punkte / eigene Punkte)

1. Streiche bei den folgenden Sätzen die falsche Schreibung durch.

- Vor heute Abend wird Tom nicht **zurück sein/zurücksein**.
- Da gestern Neuschnee gefallen ist, wollen Karola und Micha **Skifahren/Ski fahren**.
- Als Lili mit ihrem **rost roten/rostroten** Haar über den **Bahnhofsvorplatz/Bahnhofs Vorplatz** geht, wird sie sofort von Tonio erkannt und **an gesprochen/angesprochen**.
- Er verhält sich manchmal seinen Freunden gegenüber zu **groß spurig/großspurig**.
- Er wollte **diesmal/dies Mal** nicht widersprechen.
- Lara wollte **probe weise/probeweise** an dem Theaterkurs teilnehmen.
- Sie war beleidigt, obwohl er **gar nichts/garnichts** gesagt hatte.

18 / ____

2. Streiche auch bei den folgenden zwei Texten jeweils die falsche Schreibweise durch.

Wegen Nager Flug unter brochen/unterbrochen

Der Pilot eines **Urlauber Flugzeuges/Urlauberflugzeuges** von München nach Las Palmas musste wegen einer Ratte an Bord **zurückfliegen/zurück fliegen**.
Der **Flugzeugkapitän/Flugzeug Kapitän** begründete seine Entscheidung mit **Sicherheits Bedenken/Sicherheitsbedenken**, weil der blinde Passagier wichtige Kabel hätte **durchfressen/durch fressen** können.

12 / ____

Kindergartenkind alarmiert die Polizei

Ein **vier jähriger/vierjähriger** Junge in einer österreichischen **Kleinstadt/Klein Stadt** alarmierte, weil ihm die Knödel seiner Oma **gar nicht/garnicht** schmecken wollten, die **Polizeistation/Polizei Station**. Wie die **Regionalzeitung/Regional Zeitung** berichtete, wählte das Kind die **Notrufnummer/Not Ruf Nummer** 133 und erklärte: „Ich will nicht mehr, ich mag nicht mehr."
Die Polizei ging dem seltsamen **Telefon Anruf/Telefonanruf** nach und fand den Jungen dann tatsächlich vor dem Teller mit **Zwetschgenknödeln/Zwetschgen Knödeln**. Die Oma habe ihm **oft Mals/oftmals** erklärt, er solle in **Notfällen/Not Fällen** den **Polizeinotruf/Polizei Not Ruf** wählen, rechtfertigte sich der Junge.

22 / ____

mögliche Punkte: 52 / erreichte Punkte: ____

Ich freue mich, weil du da bist – das Komma in einfachen Satzgefügen

Das musst du wissen

- **Nebensätze/Gliedsätze** werden durch ein **Komma** vom Hauptsatz abgetrennt.
  Beispiel: *Anne geht heute ins Kino, weil ihr der Hauptdarsteller des Films gefällt.*
  Hauptsatz (Komma) Nebensatz/Gliedsatz
- Nebensätze/Gliedsätze können unterschiedlich eingeleitet werden:
  – durch eine **Konjunktion** (*als, nachdem, dass, obwohl …*)
  Beispiel: *Ich weiß, **dass** du recht hast. Ich glaube dir, **weil** du ehrlich bist.*
  – durch ein **Relativpronomen** (*der, die, das, welcher, welche, welches*)
  Beispiel: *Mein Computer, **den** ich zum Geburtstag bekommen habe, ist schon wieder kaputt.*
  – durch ein **Fragewort** (*wann, wie, ob …*)
  Beispiel: *Sie fragte ihn, **wie** die Aufgabe in Mathematik gelöst werden kann.*

1. Arbeitet so mit den folgenden Sätzen:
- Unterstreicht den Hauptsatz und kennzeichnet den Nebensatz/Gliedsatz mit einer Wellenlinie.
- Kreist die Einleitung des Nebensatzes/Gliedsatzes ein.
- Setzt die fehlenden Kommas.

a) „Vegetarier“ nennt man Menschen die kein Fleisch essen.

b) Wenn sie auch alle weiteren tierischen Produkte wie Milch und Eier ablehnen bezeichnet man sie als „Veganer“.

c) Viele entscheiden sich dazu weil sie eine Ernährung mithilfe pflanzlicher Lebensmittel für wgesünder halten.

d) Ob dieses tatsächlich der Fall ist ist zumindest bei einigen Experten nicht unumstritten.

e) Ein weiterer Grund für diese Ernährungsweise ist dass Vegetarier und Veganer den Tieren überflüssige Schmerzen ersparen wollen.

f) Warum man Tiere „ausbeuten“ und schlachten soll sehen sie nicht ein.

g) Wenn man sich für diese Ernährungsform entscheidet muss man sehr bewusst leben.

h) Es muss in jedem Fall verhindert werden dass eine Unterversorgung mit lebenswichtigen Nährstoffen und Vitaminen eintritt.

2. Kennzeichne in den folgenden beiden Texten die Nebensätze/Gliedsätze mit einer Wellenlinie. Setze auch die fehlenden Kommas.

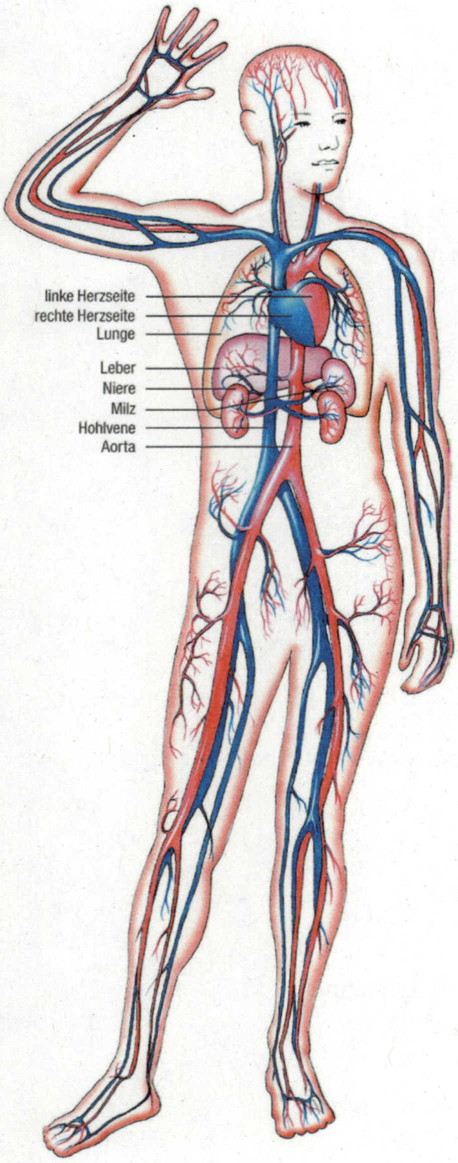

Wozu braucht man Vitamine?

Vitamine sind selbst keine Energielieferanten. Aber sie müssen vorhanden sein damit der ganze Prozess der Umwandlung von Nahrung in Nährstoffe (Stoffwechsel) und von Nährstoffen in Energie funktionieren kann. Unser Körper braucht Vitamine (ebenso wie Mineralstoffe oder Salze und Spurenelemente) nur in verhältnismäßig kleinen Mengen. Wenn sie jedoch fehlen kann man leicht krank werden.

Welche Aufgaben hat das Blut?

Blut versorgt alle lebendigen (durchbluteten) Körperteile mit lebenswichtigen Stoffen. Es befördert den in den Lungen aufgenommenen Sauerstoff und die im Verdauungstrakt erzeugten Nährstoffe dorthin wo sie gebraucht werden. Blut transportiert auch Hormone an ihren Bestimmungsort. Außerdem sorgt der Blutkreislauf dafür dass Abfallstoffe ausgeschieden werden können: Er schafft Kohlendioxid zur Lunge wo dieses Gas abgegeben und ausgeatmet und wo frischer Sauerstoff aufgenommen wird; und er befördert die Abfallstoffe der Zellen zu den Ausscheidungsorganen. Schließlich sorgt das warme Blut auch dafür dass unser Körper gleichmäßig warm bleibt. Wenn wir kalte Füße haben dann deshalb weil sie nicht genügend durchblutet werden.

3. Der folgende Text enthält mehrere Satzgefüge. Setze die fehlenden Kommas.

Niemand bürgt für Mona Lisa

Das wertvollste Gemälde der Welt hat keinen Preis weil man es nicht kaufen kann. Es ist die „Mona Lisa“ von Leonardo da Vinci. Sie hängt im berühmten Louvre in Paris. Als das Bild von Dezember 1962 bis März 1963 in New York und Washington ausgestellt werden sollte wurde sein Wert von einer Versicherung auf 100 Millionen Dollar geschätzt. Letztendlich wurde aber doch keine Versicherung abgeschlossen da selbst die aufwendigsten Sicherheitsmaßnahmen noch immer billiger waren als die riesige Versicherungsprämie.

Eine verschachtelte Angelegenheit – das Komma in komplexen Satzgefügen

Das musst du wissen

- Satzgefüge können auch aus einem **Hauptsatz und mehreren voneinander abhängigen Nebensätzen/Gliedsätzen** bestehen. Sie werden durch **Kommas voneinander getrennt.** Man spricht in diesem Fall von **komplexen Satzgefügen**.
  Beispiel: *Obwohl das Volleyballturnier, das die Klasse 8a organisiert hatte, reibungslos* (Nebensatz 1) (Nebensatz 2) (Nebensatz 1)
  verlief, beschwerten sich einige Schüler darüber, dass sie zu wenig spielen konnten. (Hauptsatz) (Nebensatz 3)
- **Nebensätze/Gliedsätze**, die in komplexen Satzgefügen **durch eine nebenordnende Konjunktion** (z. B. *und, oder*) **gleichrangig** miteinander verbunden sind, werden **nicht durch Kommas abgetrennt**.
- **Beispiel:** *Weißt du, ob Maria auch kommt **oder** ob sie noch krank im Bett liegt?*
  (Hauptsatz) (Nebensatz 1) (nebenordnende Konjunktion) (Nebensatz 2)

1. Arbeitet so mit den folgenden komplexen Satzgefügen:
- Unterstreicht zunächst den Hauptsatz.
- Verseht dann die einzelnen Nebensätze/Gliedsätze mit einer Wellenlinie.
- Setzt anschließend die fehlenden Kommas.

Die Anzahl der Kommas ist in Klammern hinter den Satzgefügen angegeben.

a) Menschen haben ungefähr anderthalb Millionen Zellen mit denen Gerüche die von der unmittelbaren Umwelt erzeugt werden aufgenommen werden. (3)

b) Bei einem Schnupfen verlieren wir jedoch unser Geruchsempfinden weil sich eine zähe Schleimschicht die uns zusätzlich das Atmen erschwert über die Geruchszellen im oberen Teil der Nasenhöhle legt. (3)

c) Zu jemandem den man nicht leiden kann sagt man gelegentlich dass man ihn „nicht riechen" kann weil man kein Empfinden für ihn hat oder weil man Distanz zu ihm halten will. (4)

d) Gegenüber einem Schäferhund der über 225 Millionen Riechzellen die ihn äußerst geruchssensibel machen verfügt sind wir Menschen jedoch regelrecht „geruchsblind". (4)

e) Sobald ein Schäferhund einen Geruch der auch weit entfernt seinen Ursprung haben kann wahrnimmt reagiert er. (3)

2. Ergänze auch bei den beiden folgenden Texten die fehlenden Kommas. Die Anzahl der Kommas ist wieder in Klammern unter den Texten angegeben.

Wer hat den feineren Geschmackssinn – Mensch oder Kuh?

Da wir uns nicht versuchsweise in eine Kuh verwandeln können sind wir nicht in der Lage zu sagen ob sie oder ob wir feinere Geschmacksunterschiede empfinden. Wenn man aber die Zahl der Geschmacksknospen betrachtet so möchte man eine Kuh als echten Feinschmecker bezeichnen: Sie hat 35 000 Geschmacksnerven während wir Menschen nur 5 000 haben! Fast überhaupt keinen Geschmackssinn hat übrigens der Wal. Er braucht ihn auch nicht denn alles was ihm im Wasser entgegenschwimmt ist auch genießbar.

(7 Kommas)

Wie viele schmerzempfindliche Punkte haben wir?

Auf unserer Haut liegen ungefähr drei Millionen Schmerzpunkte. Das sind Nervenenden die eine bestimmte Art von Reiz aufnehmen und die die Meldung als Nervenimpulse an das Hirn weiterleiten. Schmerzpunkte liegen nicht nur an der Hautoberfläche unseres Körpers. Es gibt sie auch auf den Häuten die unsere inneren Organe umschließen und die unsere Körperhöhlungen auskleiden (Magen, Gedärme, Mundhöhlen usw.). Im Inneren der Organe haben wir keine Schmerzpunkte. Bei Leber-Operationen zum Beispiel würde der Patient in der Leber selbst keine Schmerzen spüren. Aber natürlich liegt er ohnehin in Narkose. Sobald wir bewusstlos sind verspüren wir keine Schmerzen mehr.

Teile des Körpers können jedoch auch schmerzunempfindlich gemacht werden indem bestimmte Nervenbahnen die Körperteile versorgen gereizt werden. Bei der chinesischen Akupunktur werden Nadeln an bestimmten Stellen in die Haut gestochen; die Patienten verspüren dann an anderen Körperregionen überhaupt keinen Schmerz. So können Chirurgen operieren ohne dass der Patient durch Narkose betäubt werden muss.

(7 Kommas)

Sowohl ... als auch .../nicht nur ..., sondern auch ... – das Komma bei nebenordnenden Konjunktionen

Das musst du wissen

- Werden einzelne Wörter, Wortgruppen oder Sätze **durch eine nebenordnende Konjunktion miteinander verbunden**, musst du **kein Komma** setzen. Solche nebenordnenden Konjunktionen sind: *und, oder, beziehungsweise, sowie, entweder ... oder, sowohl ... als auch, weder ... noch.*
  Beispiel: *Er will **weder** etwas essen **noch** trinken.*
- Vor **Konjunktionen**, die einen **Gegensatz ausdrücken**, musst du ein **Komma** setzen. Solche Konjunktionen sind: *aber, doch, jedoch, sondern, nicht nur ..., sondern auch.*
  Beispiel: *Er will **nicht nur** etwas essen, **sondern auch** etwas trinken.*

1. Lest euch die zwei Regeln in der Lernbox oben noch einmal durch. Setzt dann in den folgenden Sätzen die fehlenden Kommas.

- Bei einer längeren Radtour sollte man weder dunkle Kleidung tragen noch mit den Pausen sparen.
- Bei einer Grippe solltest du nicht nur Medikamente nehmen sondern dich vor allem für ein paar Tage ins Bett legen.
- Ferien dienen sowohl der Erholung als auch der Vorbereitung auf den neuen Schulabschnitt.
- Beim Training sind nicht nur die Stammspieler gefordert sondern alle.
- Zum Geburtstag bekam Carla einen CD-Player sowie mehrere Bücher geschenkt.
- Bist du mit dem Ergebnis zufrieden oder hast du noch weitere Ideen?
- Du hast zwar viel planen müssen aber dafür eine tolle Tour ausgearbeitet.
- Entweder seid ihr jetzt etwas ruhiger oder wir müssen hier abbrechen!
- Während der Klassenfahrt dürft ihr die Stadt selbstständig erkunden aber nur zu dritt.
- Der stundenlange Regen und die Kälte erforderten besonders gute Kleidung.
- In unserem Sportverein kannst du Fußball spielen aber auch Badminton und Tischtennis sowie Basketball.
- Hast du Zeit für mich oder nicht?
- Ich habe nicht nur meinen Computer sondern auch mein Fahrrad günstig gekauft.
- Paula geht dienstags sowohl zur Tanz-AG als auch zum Karate-Training.

Maja spielt Fußball, um sich auszutoben – das Komma bei Infinitivgruppen

Das musst du wissen

Eine **Infinitivgruppe** besteht aus einem **Infinitiv mit „zu" und weiteren Wörtern**.
Sie kann vor oder hinter dem Hauptsatz stehen oder darin eingefügt sein.

Beispiele: *Anna hat die Möglichkeit, an der Fußball-AG teilzunehmen.*
(Hauptsatz – Infinitivgruppe)

Die Möglichkeit, an der Fußball-AG teilzunehmen, hatte Paul nie.
(Hauptsatz – Infinitivgruppe – Hauptsatz)

Einen einfachen Infinitiv mit „zu" brauchst du nicht durch ein Komma abzutrennen *(Sie vergaß zu telefonieren).*

In folgenden Fällen musst du aber eine **Infinitivgruppe durch ein Komma vom Hauptsatz abtrennen**:

1. Die Infinitivgruppe bezieht sich auf ein **Nomen/Substantiv** im Hauptsatz.
   Beispiel: *Lukas hat die **Absicht**, sein Fahrrad zu verkaufen.*
2. Die Infinitivgruppe bezieht sich auf ein **Wort wie *daran, darauf, dazu, damit, es*** im Hauptsatz.
   Beispiele: *Sie dachte nicht **daran**, die Sportsachen mitzubringen.*
   *Ich bedauere **es**, dich nicht mehr angetroffen zu haben.*
3. Die Infinitivgruppe wird mit ***um, anstatt, statt, ohne, außer, als*** eingeleitet.
   Beispiele: *Wir müssen uns treffen, **um** für die Deutscharbeit zu üben.*
   ***Anstatt** vor dem Computer zu sitzen, sollte Paul lieber zum Training gehen.*

1. Warum werden die Infinitivgruppen in den folgenden Sätzen durch ein Komma abgetrennt? Schaut euch die Lernbox oben noch einmal an. Schreibt dann die Ziffer der passenden Regel (1, 2 oder 3) in die Kästchen.

- [ ] Der Einbrecher rechnete nicht damit, auf den Schäferhund zu treffen.
- [ ] Die Chance, am Schüleraustausch teilzunehmen, solltest du nicht verstreichen lassen.
- [ ] Für Robert gibt es nichts Schöneres, als faul in der Sonne zu liegen.
- [ ] Anne bevorzugt es, im Schatten unter einem Sonnenschirm zu lesen.
- [ ] Der Läufer beschleunigte das Tempo, um sich vom Feld abzusetzen.
- [ ] Der Hochspringer scheiterte mit dem Versuch, einen Weltrekord zu erzielen.

2. In den folgenden Sätzen musst du die Infinitivgruppe durch ein Komma abtrennen, weil im Hauptsatz ein hinweisendes Wort steht. Kreise dieses Wort ein und ergänze die fehlenden Kommas.

- Mit der Empfehlung das Schuljahr zu wiederholen konnte sich der Schüler zunächst nicht anfreunden.
- Dazu die Arbeit noch einmal durchzulesen kam sie nicht mehr.

- Ich bedauere es sehr nicht früher gekommen zu sein und entschuldige mich dafür.
- Hast du wirklich die Absicht dir schon wieder ein neues Fahrrad zu kaufen?
- Denk auch daran von dem Geldgeschenk etwas für spätere Zeiten zurückzulegen.
- Der Aufforderung den Radweg zu nehmen kam die Schülerin sofort nach.

3. Trenne auch die folgenden Infinitivgruppen durch Kommas vom Hauptsatz ab.

- Anstatt in den Ferien zu verreisen suchen sich einige Schüler einen Ferienjob um Geld zu verdienen.
- Er nahm das Angebot an ohne zu zögern.
- Fällt dir nichts Besseres ein als vor dem Fernseher zu sitzen oder bist du krank?
- Deiner Meinung um das noch einmal deutlich zu sagen stimme ich in jeder Beziehung zu und deshalb sollten wir uns jetzt entscheiden um nicht später alles zu bereuen.
- Ihr solltet statt immer nur zu reden aktiv werden.

4. Ergänze auch in dem Text „Räumliches Sehen“ die fehlenden Kommas.

Räumliches Sehen

Wir benötigen zwei Augen um Entfernungen abschätzen zu können. Das kannst du durch einen kleinen Test nachweisen. Du musst dazu einen Gegenstand, z. B. eine kleine Figur in kurzer Entfernung hinstellen und ein Auge schließen. Versuche nun diesen Gegenstand mit einem Finger anzutippen. Das gelingt auf Anhieb nicht.
Mit zwei Augen hast du die Chance den Gegenstand aus zwei verschiedenen Blickwinkeln zu betrachten. Das Gehirn errechnet dann daraus ein Gesamtbild. Dieser Prozess ermöglicht es räumlich zu sehen und den jeweiligen Abstand deines Fingers zum Gegenstand richtig einzuschätzen.
Wenn du nur mit einem Auge siehst, führt dieses zudem dazu einen Gegenstand wie bei einem Foto nur als Fläche wahrzunehmen.

Teste dich selbst! – Die Kommasetzung üben

(zu erreichende Punkte / eigene Punkte)

1. Setze die fehlenden Kommas. Unterstreiche zuvor die Hauptsätze in den Satzgefügen.

- Als die Jugendgruppe das Zeltlager erreichte war es bereits dunkel.
- Der Jugendleiter der die Route vorausberechnet hatte hatte sich verschätzt.
- Manchmal wusste die Gruppe nicht in welche Richtung sie gehen sollte.
- Wenn die Jugendlichen nicht einen Förster getroffen hätten hätten sie vielleicht im Wald übernachten müssen.

9 / ____

2. Unterstreiche bei den folgenden Satzgefügen wieder die Hauptsätze. Ergänze dann die fehlenden Kommas.

- Ich habe nichts dagegen wenn du die Entscheidung die du getroffen hast überdenkst.
- Denke aber daran dass es von Nachteil sein kann wenn du zu lange zögerst.
- Es gibt vielleicht sogar Personen die sich darüber dass du zurücktrittst freuen werden.
- Überlege also welche Folgen es haben könnte wenn du noch einen Tag mit deiner Entscheidung wartest.
- Wenn du es dir anders überlegst musst du mich jedoch schnell informieren damit ich mich auf das was dann zu tun ist vorbereiten kann.

19 / ____

3. Trage auch bei den folgenden Sätzen die fehlenden Kommas ein.

- Er hatte nie die Absicht ein grünes Auto zu kaufen.
- Er möchte gern kommen aber es fehlt ihm die Zeit.
- Weder die Klasse 7b noch die Klasse 7c konnten für eine Wanderung begeistert werden.
- Die Klassenlehrerinnen und die Schulleitung setzten sich jedoch durch.
- Bist du auch so begeistert von der Stadt wie ich?
- Zehn Gespanne sowie 15 Einzelreiter nahmen an der Vorführung teil.
- Einerseits kann er sich nicht entscheiden andererseits freut er sich über das große Angebot.
- Ich werde dir gleich helfen aber ich muss erst noch meine Brille finden!

8 / ____

mögliche Punkte: 36 / erreichte Punkte: ____

Textquellenverzeichnis

(Die Ziffern in Klammern verweisen auf die Lösungsbeilage.)

S. 6: Dörte Eppelin: Parkour – „Angst ist uns wichtig, sie schützt uns vor Dummheiten“. Aus: https://www.geo.de/geolino/mensch/7239-rtkl-parkour-angst-ist-wichtig-sie-schuetzt-uns-vor-dummheiten [03.05.2018]; **S. 10:** Stefan Greschik: Wie Angst uns rettet. Aus: GEOlino, Nr. 1/2002, bearbeitet; **S. 22:** Physiotherapeut und -therapeutin. Quelle: BERUFENET (http://arbeitsagentur.de) – Stand: 01.05.2017. Aus: http://planet-beruf.de/fileadmin/assets/PDF/BKB/8750.pdf [03.05.2018]; **S. 22:** Medienkaufmann/-frau Digital und Print. Quelle: BERUFENET (http://arbeitsagentur.de) – Stand: 01.03.2018. Aus: http://planet-beruf.de/fileadmin/assets/PDF/BKB/35281.pdf [03.05.2018]; **S. 22:** Glaser/-in der Fachrichtung Verglasung und Glasbau. Quelle: BERUFENET (http://arbeitsagentur.de) – Stand: 01.03.2018. Aus: http://planet-beruf.de/fileadmin/assets/PDF/BKB/4364.pdf [03.05.2018]; **S. 23:** Medizinischer/medizinische Dokumentationsassistent/-in. Quelle: Azubis.de – Das Ausbildungsportal. Aus: https://www.azubis.de/ausbildungsberuf/medizinische-r-dokumentationsassistent-in [03.05.2018]; **S. 36:** Rainer M. Schröder: Abby Lynn – Verschollen in der Wildnis, cbj Verlag, München 2004, S. 43 ff. (Auszug); **S. 42:** Max von der Grün: Tagesausflug. Aus: ders.: Friedrich und Friederike oder Ist das schon die Liebe? Rowohlt Verlag, Reinbek 1996, S. 30 f.; **S. 46:** Klaus Störtebeker. Aus: DAMALS. Das Magazin für Geschichte und Kultur, hg. von Katja Kohlhammer, April 2006, S. 4; **S. 72 (24):** Wie erzeugt die menschliche Stimme Töne? Nach: Klaus Jansen: Allgemeinwissen für Schüler. 555 Fragen und Antworten, Arena Verlag, Würzburg 2005, S. 270 f.; **S. 74 (25):** Wovon ernähren sich die riesigen Wale? Aus: Nikolaus Lenz: Das megadicke Buch der cleveren Antworten, Loewe Verlag, Bindlach 2005, S. 194 f.; **S. 74 (25):** Warum können Nilpferde so gut schwimmen? Aus: Nikolaus Lenz: Das megadicke Buch der cleveren Antworten, Loewe Verlag, Bindlach 2005, S. 213; **S. 84 (28):** Hugo Ernst Käufer: Einfache Regeln. Aus: Joachim Fuhrmann (Hg.): Poesiekiste. Sprüche fürs Poesiealbum, Rowohlt Verlag, Reinbek 1981; **S. 100 (34):** Wozu braucht man Vitamine? Nach: Nikolaus Lenz: Das megadicke Buch der cleveren Antworten, Loewe Verlag, Bindlach 2005, S. 118; **S. 100 (34):** Welche Aufgaben hat das Blut? Aus: Nikolaus Lenz: Das megadicke Buch der cleveren Antworten, Loewe Verlag, Bindlach 2005, S. 121 f.; **S. 100 (34):** Niemand bürgt für Mona Lisa. Aus: Nikolaus Lenz: Das megadicke Buch der cleveren Antworten, Loewe Verlag, Bindlach 2005, S. 151; **S. 102 (34):** Wer hat den feineren Geschmackssinn – Mensch oder Kuh? Aus: Nikolaus Lenz: Das megadicke Buch der cleveren Antworten, Loewe Verlag, Bindlach 2005, S. 113 f.; **S. 102 (35):** Wie viele schmerzempfindliche Punkte haben wir? Aus: Nikolaus Lenz: Das megadicke Buch der cleveren Antworten, Loewe Verlag, Bindlach 2005, S. 114 f.

Bildquellenverzeichnis

|action press, Hamburg: ANP PHOTO 51. |akg-images GmbH, Berlin: 46, 100. |alamy images, Abingdon/Oxfordshire: allOver images 76; Masterton, Iain 55; Wavebreak Media ltd 7; Woyke, Wibke 56; ZUMA Press, Inc. 69. |Berghahn, Matthias, Bielefeld: 87, 90, 102. |ddp images GmbH, Hamburg: dapd/Hecker, David 54. |Domke, Franz-Josef, Hannover: 10, 85. |Fotostudio Henke, Paderborn: 28 M., 28 l., 28 r.. |Kassing, Reinhild, Kassel: 2, 4, 13, 15, 15, 15, 15, 30, 35, 37, 49, 59, 62, 64, 65, 67, 84, 88, 89, 95, 95, 95, 95, 96, 96, 105. |Picture-Alliance GmbH, Frankfurt/M.: allOver/Thomas, Karl 22; DeFodi 61; dpa 42; dpa/Gambarini, Maurizio 72; dpa/Handout/polizei 71; dpa/Hase, Tobias 97; dpa/Knosowski, Herbert 51; dpa/Pleul, Patrick 52; dpa/Wagner, Ingo 13; dpa/Wissen Media Verlag 100; dpa/Wolfraum, Heiko 33; Grimm, Martin 74; Okapia/Brandstetter, Johann 92. |Robert Koch-Institut, Berlin: KiGGS-Symposium am 25.09.06, Thomas Lampert 15. |stock.adobe.com, Dublin: ARochau 18; auremar 22 u., 26 M.; Boston, Frank 23; Fotos 593 85; ikonoklast_hh 26 l.; Lichtmaler 82; Mykola Velychko 8; photo 5000 26 r.; Production Perig 22 M.; Schwier, Christian 20.